JN135707

カナダの謎

なぜ『赤毛のアン』はロブスターを食べないのか？

平間俊行 著

THE MYSTERY OF CANADA

誰も知らない「宝物」

もともと報道の世界にいた僕は、偶然仕事で取材したカナダに「はまって」しまった。それ以来ずっと、縁もゆかりもなかったはずのカナダの原稿を書き続けている。

ここ5年ほどでカナダを訪れたのは20回近いだろう。だからパスポートに記されている文字はカナダ、カナダ、カナダ。どうしてこんなに頻繁にカナダに来るのか怪しまれそうで、入国の際にはさすがにちょっと緊張してしまう。

夏休みもゴールデンウイークも、長期の休みはすべてカナダ取材。現地2泊の弾丸取材なんてこともあった。週末だってほとんどカナダの原稿執筆に費やしている。

僕がカナダにのめり込んだのは、カナダの歴史の中から誰も知らない「宝物」を掘り当てたからだ。こんなにおもしろいネタがあるのに、研究者を除けば日本では全然知られていない。知っているのはカナディアンロッキーやメープルシロップや『赤毛のアン』ぐらい。つまり、カナダの歴史には手つかずの「宝物」が無尽蔵にある、それを知った物書きとしての喜びから、僕はカナダに「はまった」のだ。

僕の部屋の本棚は、カナダ関係の本と資料で埋まっている。部屋にはビーバーの毛皮だってある。

この本を読んでもらえば分かるのだが、ビーバーの毛皮はカナダの歴史の中で大きな役割を果たしている。ただし、研究者でも自宅に本物の毛皮を持っている人などそうはいないだろう。

さて、この本のタイトルは「カナダの謎」だ。「謎」とは、どうしてカナダはこんなにうまくいっているのか、どうして世界中から愛されているのか、ということだ。

その「謎」を解くカギは、カナダの温かな「国づくり」の中にあった。懸命に「国づくり」をしてきた人々の健気《けなげ》な営みの中にあった。それこそが、僕がカナダの歴史の中から見つけた「宝物」だ。

この本では、誰もが知っているカナディアンロッキーやメープルシロップなどのトピックを通じて、愛されるカナダの「謎」についてお伝えしていきたいと思う。

そして読み終える頃には、１人の物書きがなぜカナダに「はまった」のか、その「謎」の答えも理解してもらえるだろうと思っている。

平間俊行

CONTENTS
目次

誰も知らない「宝物」――2
1章 赤毛のアンの謎――7
2章 先住民の謎――23
3章 カヌーの謎――39
4章 タラの謎――55
5章 ロッキーの謎――71
6章 トーテムポールの謎――87
7章 カウボーイの謎――103
8章 小麦畑の謎――119
9章 アイスロードの謎――135

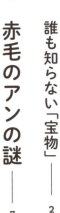

10章 ワインの謎 ―― 149

データ集

カナダがよくわかるマップ

先住民 ―― 166

開拓 ―― 168

野生動物 ―― 170

絶景 ―― 172

世界遺産 ―― 174

グルメ ―― 176

博物館 ―― 178

カナダ1000年年表 ―― 180

まだまだあるカナダの謎（クイズ） ―― 186

参考文献 ―― 190

あとがき ―― 191

ノースウエスト準州ブラッチフォード・レイク・ロッジの
上空に輝くオーロラ。現地の人には見慣れた光景だ。

1

赤毛のアンの謎

『赤毛のアン』の舞台、プリンス・エドワード島の
名物といえばロブスター。
ところが、物語の中で主人公アン・シャーリーが
ロブスターを食べる場面が見当たらない。なぜだろう。

THE MYSTERY OF CANADA

1

THE MYSTERY OF CANADA

なぜ『赤毛のアン』はロブスターを食べないのか？

『赤毛のアン』の主人公アン・シャーリーは、なぜかロブスターを食べない。カナダの旅を続ける僕が、ふと気づいた疑問だ。

物語の舞台、プリンス・エドワード島で人々を楽しませてくれるのは、何と言ってもロブスターだ。しかしアンの物語では、例えば村に新しくやってきた牧師夫妻をアンが招待した時に並んだのはチキンのゼリー寄せやコールドタン。どうもロブスターは食卓の主役ではないのだ。

実はこの島には、ロブスターは貧しいフランス系の漁師が食べるもの、とされていた時代があった。背景には、はじめにこの地を支配していたフランスがイギリスとの戦争に敗れ、カナダがイギリスの植民地となったという歴史がある。

島の多数派であるイギリス系住民はロブスターには見向きもせず、お弁当にロブスターのサンドイッチを持たされたフランス系漁師の子どもが、登校途中にロブスターを抜き取って道に捨てたという話すらある。

ロブスターなんて恥ずかしい、パンだけの方が「マシ」というところに当時のフランス系住民やロブスターが置かれていた悲しい境遇が見てとれるのだ。

◆高級食材の残念な「過去」

カナダの大西洋側、セントローレンス湾に浮かぶプリンス・エドワード島（**写真1-1**）。英語のPrince Edward Island の頭文字からPEI（ピー・イー・アイ）と呼ばれている。日本の愛媛県ほどの面積しかない小さな島だが、カナダに10ある州のうちの1つ。首相もいれば州議会もある、1つの島でれっきとした「プリンス・エドワード島州」なのだ。

シーズンともなれば『赤毛のアン』のファンをはじめ、多くの観光客が押し寄せ、島特産のシーフードに舌鼓を打つ。カキ、ムール貝、ホタテ、などなど。最近ではマグロも人気だが、一番はやはりロブスターだ。

実はこの島には、ロブスターは貧しいフランス系の漁師が食べるもの、とされていた時代があった。

日本人ならポン酢にチョコンとやりたいところだが、ここPEIでは溶かしたバターにつけるのが一般的だ。しかし意外なことに、この溶かしバターが実にあう（**写真1-2**）。

白いロブスターの身の甘さとバターの塩気が絶妙

のバランスだ。温かい液体となったバターをまとうことで、ちょっと淡白だったロブスターが濃厚な味わいに変化する。PEIを旅してロブスターを食べないなんてあり得ないと誰もが思うはず。にもかかわらず、かつてのロブスターには高級食材の「片鱗」すら感じられないのだ。

その昔、ロブスターは、それこそ腐るほど捕れたそうだ。捕れ過ぎた時は「高級食材」どころか「食材」にすらならず、そのまま畑に撒かれて肥料にされることもあったという。

そこに貧しいフランス系の漁師の食べもの、という偏見が加わる。アンの物語の中にも、仕事を覚えさせようとしても使いものにならない半人前のフランス人の子ども、といった表現が出てくる。この島ではイギリス系がフランス系を見下していた時代があったのだ。

もちろん、今ではそんなことはない。例えば島で暮らす人たちを指す「アイランダー」という呼び方がある。どの国から来た人も、島の人はみんなアイランダーだ。

島では「ロブスター・サパー」というフルコース料理も人気だし、手軽に楽しみたいならファストフード店にはロブスター・ロールだってある。ロブスターはついに、すべてのアイランダーに愛される高級食材になったのだ。

◆名前が変わる「揺りかご」

ロブスターとフランス系住民がなぜ偏見を持たれていたか、その背景にあるフランスとイギリス

1-1:アンが暮らした家を再現した施設「グリーン・ゲイブルズ・ハウス」

の植民地をめぐる争いについて話したい。

のちにカナダやアメリカとなる北米大陸は、いわゆるインディアンと呼ばれる先住民が暮らす土地だった。ＰＥＩの辺りにもミクマック族という先住民がいて、彼らはこの島を「アヴィグウェイト＝波間に浮かぶ揺りかご」と呼んでいた。

しかし、フランス人が入植を始めると、島は「サン・ジャン島」と呼ばれるようになる。サン・ジャンとはキリスト教の聖人ヨハネのこと。悪くはないが、「波間に浮かぶ揺りかご」の方がずっとロマンチックだ。

その後進出してきたイギリスとフランスの間で戦争が始まり、１７５９年にフランスの拠点、ケベックが陥落する。イギリスが勝者となったことで「サン・ジャン島」はイギリス風の「セント・ジョンズ島」になり、最終的に「プリンス・エドワード島」と呼ばれることになった。「波間に浮かぶ揺りかご」は「エドワード王子の島」になったのだ。

エドワード王子とは、当時のイギリス国王ジョージ3世の四男。島の中心、州都シャーロットタウンはジョージ3世の妻、シャーロット王妃からとられている。

ちなみに、エドワード王子は国王にはならなかったものの、その娘こそ初代インド総督になるなど、大英帝国を最も繁栄させたヴィクトリア女王だ。その治世は「ヴィクトリア朝」とも呼ばれ、例えば同じ植民地だった香港では、「１００万ドルの夜景」のビューポイントの名が「ヴィクトリア・

1-2:溶かしバターを抱えた真っ赤なロブスター

ピーク」だ。

「ちなみに」をさらに続けると、1997年に香港がイギリスから中国に返還された際には、たくさんの「香港人」が太平洋を渡り、カナダのバンクーバーに移住した。同じイギリスの植民地だった歴史がカナダへの親近感をわかせたのかもしれない。あまりに「香港人」が増えたことで、「これではホンクーバーだ」と言われるほどだった。そのバンクーバーがあるブリテッシュ・コロンビア州の州都がやはり「ヴィクトリア」だ。

フランスからイギリスの島となったプリンス・エドワード島の主役はイギリス系住民となり、フランス系は一段、下の扱いを受けるようになる。ただしイギリス系と言っても、その多くはスコットランドやアイルランド系、つまり、かつてイングランドに併呑《へいどん》された国の人やその子孫だった。

◆船酔いが生んだ偶然

ひと口に「移民」と言っても、故郷を離れた事情はさまざまだろうが、食べていけないとか、将来に希望が持てないといった理由も多かっただろう。日本でもかつてハワイやブラジルにたくさんの移民が渡ったが、その動機は生きるため、稼ぐためだったはずだ。スコットランド系やアイルランド系の人々がPEIに渡ってきた背景にも、少なからずイギリスでの「生きにくさ」があっただろうと僕は想像する。

『赤毛のアン』、原作名『Anne of Green Gables』の作者ルーシー・モード・モンゴメリもスコットランド系のカナダ人だ。モンゴメリの四代前、曽々祖父母がスコットランドからPEIにやってきた。

祖父がカナダの上院議員を務めていたことからすると、モンゴメリの曽々祖父母夫妻が故郷で「生きにくさ」を感じていたかは何とも言えない。ただモンゴメリの自伝から分かるのは、この夫妻がPEIではなく、本当はケベックを目指していたということだ。

しかし、大西洋を渡る間に妻が大変な船酔いになり、給水のため停泊したPEIに上陸したあとは、どんなに夫が説得しても二度と船に乗ろうとしなかった。結局、夫妻はケベックよりもだいぶ手前、まだ大西洋に近いこの島に定住することになった。

もし大西洋の波が穏やかで、夫妻がPEIに定住しなかったら一族の運命は変わり、四代のちのモンゴメリは生まれてなかったかもしれないし、『赤毛のアン』の舞台はPEIではなくフランス文化の香り漂うケベックや、広大なプレーリーになっていた可能性だってある。

そうなると、物語の雰囲気は随分、違ったものになったに違いない。アンはその想像力を駆使してPEIのさまざまな場所に独自の名前をつけたが（**写真1-3**）、舞台がプレーリーなら「輝く湖水」も「恋人の小径」も「お化けの森」も生み出されなかったろう。なにしろ見渡す限りの小麦畑。アンの想像力をもってしても、360度同じ風景なのだから。

◆首相よりも有名人？

僕の勝手な想像はともかく、無事にPEIで生を受けたルーシー・モード・モンゴメリは、祖母のルーシー・マクニールの名を受け継いだ。また、モンゴメリはユーアン・マクドナルドという牧師と結婚するが、「マクニール」「マクドナルド」のいずれにもある「マク、マック＝Mc、Mac」は、スコットランド人に多い名前で、「〜一族の者」といった意味を持つそうだ。

例えば、世界的なハンバーガーチェーン「マクドナルド」の創始者も、日本の敗戦時にやってきた連合国軍最高司令官マッカーサー元帥もスコットランド系アメリカ人と思われる。マクレガーとかマッケンジーとかいった名前の外国人はまずスコットランド系と考えていい。

すると、映画『ダイ・ハード』シリーズでブルース・ウィリスが演じたジョン・マクレーン刑事も、同じく『バック・トゥ・ザ・フューチャー』シリーズの主役、マーティー・マクフライもスコットランド系と考えられる。

シリーズ第3作、タイムマシンで西部開拓時代にやってきたマーティは、そこで何代か前のマクフライ夫妻に助けられ、「アメリカではじめて生まれた〝マクフライ〟」と抱き上げられる赤ん坊と対面する。マーティのひいおじいちゃんだ。人生を切り開くため大西洋を渡って新大陸にたどりつき、授かった赤ん坊を抱き上げる若き夫婦。それがスコットランド系移民の姿だ。

ちなみに、マーティを演じたマイケル・J・フォックスはアルバータ州エドモントンの出身。れっ

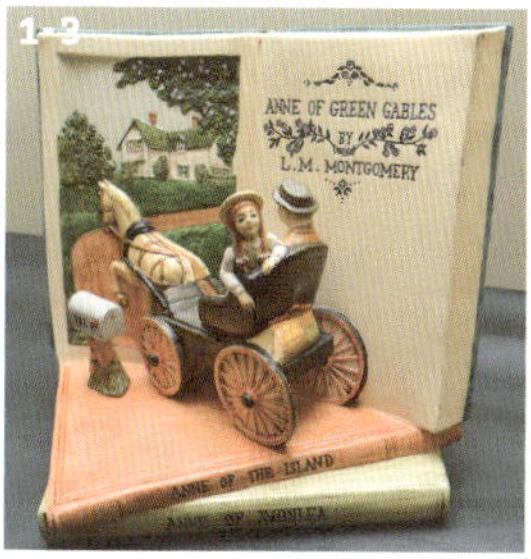

1-3：アンがマシュウの馬車でグリーン・ゲイブルズに向かうシーンを再現したフィギュリーン（土人形）
1-4：スコットランド移民のマッキントッシュさんがカナダで発見した新種のリンゴ「マッキントッシュ」

きとしたカナダ人であることをお伝えしておきたい。

さて、ここまではスコットランド系と言ってもアメリカ人ばかりだったので、スコットランド系カナダ人の「マク、マック」の話も紹介しておきたい。

アップル社と同社のパソコン「マッキントッシュ」はご存知だと思う。スコットランドからカナダにやってきた移民のマッキントッシュさんが、森に自生する新種のリンゴを見つけたことから、そのリンゴの名前が「マッキントッシュ」になった（**写真1-4**）。アップルとマッキントッシュという世界中で知らぬ者のない2つの名前に、カナダの森とスコットランド移民が関わっているのだ。

そのカナダの初代首相はジョン・A・マクドナルドという。マクドナルドだからスコットランド系だ。この人、「ジョンA」の愛称で呼ばれ、カナダでは超有名人なのだが、一歩国外に出れば知名度はゼロに近い。それに比べ、名も無きと言うか、名のあると言うか、とにかく新種のリンゴを見つけたマッキントッシュさんの方が、ジョンAよりもスコットランド系カナダ人を説明するのにずっとふさわしいのだ。このあたりがふつうの人がつくった国、カナダらしいところでもある。

◆もう1つの特産品

PEIにはロブスターのほかに、もう1つ特産品がある。それがカナダ全体の約3割の生産量を誇るジャガイモだ。

『赤毛のアン』の時代からジャガイモは島の特産品だったようで、今年の出来を話し合ったり、船にジャガイモを積み込んだりする場面もある。PEIの土壌は鉄分を多く含んでいて、色が赤いのが特徴だ（**写真1-5**）。PEIにやってきたアンもずいぶんと驚いたようで、どうして土が赤いのか、しきりに不思議がっている。

しかし、赤い土が栽培に適していただけではなく、海を渡ってきた移民が懸命に土を耕したからこそ、ジャガイモが島の特産品になったのだと思う。そんな苦労をした時代を、PEIの人たちは大層、誇りに思っているようだ。

島の西部、オレアリーには「ポテトミュージアム」というマニアックな博物館がある（**写真1-6**）。建物の前には巨大なジャガイモのオブジェが展示され、入り口には世界的に有名なPEIのジャガイモ、と書かれている。正直、世界的にはさほど知られていないと思うのだが。

それはさておき、博物館では林を切り開き、畑を耕した先人の苦労を豊富な展示によって知るこ

1-5:PEI特有の赤い大地

とができる。そんな人々の中に、ジャガイモ栽培が盛んだったアイルランドからの移民も多く含まれていたに違いない。

◆「貧者のパン」

ジャガイモは、スペインによる南米大陸侵略によってヨーロッパにもたらされた植物の1つだ。やがてヨーロッパ各国で栽培されるようになり、パンを食べられない庶民の生活を支える「貧者のパン」と呼ばれるようになったそうだ。そしてアイルランドでは、ほかの地域より1世紀ほど早くジャガイモ栽培が本格化している。それほどに「貧者のパン」への依存度が高かったのだろう。

そんな中、1840年代にジャガイモの疫病が発生する。葉や茎がしおれ、地中のジャガイモは腐ってしまう。疫病が広がり各地で飢饉《ききん》が起きる。その影響をまともに受けたのがアイルランドだった。

「ジャガイモ飢饉」という言葉をご存知だろうか。アイルランドの人たちは、農耕に適さない石ころだらけの土地でも育ってくれるジャガイモに頼った生活をしていた。

疫病が広がると、ジャガイモ以外の作物も作っていたところでは被害は一定程度に収まったものの、アイルランドでは100万人が死に、100万人が移民として故郷を去ったとも言われている。その多くがアメリカに渡り、一部がカナダにもやってきた。

PEIではスコットランド系に加え、アイルランド系の住民も多い。『赤毛のアン』＝『Anne of Green Gables』の作者、モンゴメリがPEIで生まれたのが1874年。「ジャガイモ飢饉」の30年ほどあとのことだ。モンゴメリが暮らしたPEIには、飢饉から逃れ、ここで生き抜くために再び「貧者のパン」と向き合い始めた人もたくさんいたのではないかと思う。

◆食べられることの喜び

僕らは今、PEIの旅でロブスターも、その横に添えられた山盛りのポテトフライも心ゆくまで楽しむことができる。ポテトフライの量がちょっと尋常ではないぐらい多いけれど。

しかし考えてみると、かつて一方は貧しい漁師の食べるもの、もう一方は「貧者のパン」だった。

1-6:「ポテト ミュージアム」と巨大なジャガイモのオブジェ

観光客がロブスターとジャガイモを思う存分食べ、アイランダーがロブスターとジャガイモを島の誇りに思っている。そのことは、いろいろな国からこの島にやって来た人たちみんなが豊かになり、過去の対立を乗り越えようとしてきた証《あかし》のように思えてならない。

僕らもPEIで喜びをかみしめながらロブスターとジャガイモを味わいたい。とはいえ、ものには限度というものがある。料理の横のポテトフライはもうちょっと少なくてもいいんじゃないかと僕は常々思っている。

COLUMN

＼マニアックな
カナダ旅／

アイランダーが愛するソフトクリーム

フロスティ・トリート・デイリー・バー

『赤毛のアン』の主人公、アン・シャーリーが愛してやまないものと言えば、やはりアイスクリームだろう。なにしろ物語の中でアンは、アイスクリームを「言語を絶した」「崇高なもの」と褒めたたえている。

PEIには、あるアンケートで世界一に選ばれた「カウズ（COWS）」というアイスクリーム店がある。しかし、既にこの店はいろいろな形で紹介されているので、ここでは島の人たち＝アイランダーに愛され続ける「フロスティ・トリート・デイリー・バー」のソフトクリームを紹介しておきたい。

なにしろケンジントンという場所に一軒あるだけなので、車を飛ばして店に行くしかない。

最近、2号店がオープンしたものの、その場所は道路を挟んだはす向かい。だから夏になるとこの辺りは車が渋滞してしまうのだ。サイズは「L」「S」とキッズの「K」があるが、日本人なら「S」、場合によっては「K」でもいいぐらいボリュームがある。行列ができるほど大人にも子どもにも愛される島のソフトクリーム。ぜひカウズのアイスと食べ比べてみてほしい。

アクセス

Frosty Treat Dairy Bar
プリンス・エドワード島　ケンジントン
109 Vctoria Street West,
Kensington

2

先住民の謎

カナダでは、ヨーロッパからの入植者と
先住民とが比較的良好な関係を結んでいた。
他エリアのような搾取や迫害、奴隷といった
ネガティブなイメージがあまりない。なぜだろう。

THE MYSTERY OF CANADA

2
THE MYSTERY OF CANADA

なぜカナダでは、ヨーロッパ人と先住民の仲が良かったのか？

南北アメリカ大陸が「新大陸」と呼ばれていたころ、ヨーロッパ人と先住民の関係には搾取《さくしゅ》や迫害、奴隷といったイメージがつきまとっていた。ところがカナダでは、先住民が極寒の冬を越す術《すべ》を教えてあげたり、幸せな家庭を築いたりと、両者はけっこう仲良くやっていた。どうしてカナダだけこんなに平和だったのだろうか。

この謎を解き明かすには、メープルシロップの歴史を紹介するのが適当だろうと僕は思っている。なぜ？　と感じるかもしれないが大丈夫、かならず本題に戻ってくる。

カナダ東部、ケベック州やオンタリオ州に自生するサトウカエデの樹液を煮詰めて作られるのがメープルシロップ（**写真2-1**）。糖度2～3％のわずかな甘味を持つ樹液の存在に気づいたのは、昔からこの地で暮らしていた先住民だった。樹液は貴重な甘さであり、栄養源でもあったはず。しかし先住民は、やって来たヨーロッパ人に樹液の存在を簡単に教えてしまうのだ。

カナダのヨーロッパ人と先住民は、「あるもの」を介して協力しあう関係にあった。今の表現なら「ウィン・ウィン」だ。「新大陸」の他の地域ではあり得ない温かな関係のもと、メープルシロップは先住民からヨーロッパ人へと伝えられていったのだ。

◆スイーツの名は「ビーバーのしっぽ」

カナダには首都オタワ発祥の「ビーバーテイルズ」なるスイーツがある（**写真2-2**）。その名の通りビーバーのしっぽのような形をしている。

小麦粉の生地を平たい楕円形に伸ばし、油の上に浮かせるようにして揚げる。チョコレートクリームを塗ったりバナナを乗せたり、トッピングをして食べることが多い。

このいかにも北米らしい甘めのスイーツは、カナダ人なら誰もが知るほどの人気だが、では、わざわざビーバーのしっぽの形にするのはなぜなのだろうか。それはビーバーがカナダの「国獣」であることに関わりがある。

そう思って見てみると、カナダはビーバーに溢《あふ》れている。5セント硬貨にはビーバーが描かれているし、カナダを代表するファッションブランド「ルーツ」のマークもビーバーだ。ビーバーの絵柄は7回もカナダの切手のデザインに採用されている。

カナダのヨーロッパ人と先住民は、「あるもの」を介して協力しあう関係にあった。今の表現なら「ウィン・ウィン」だ。

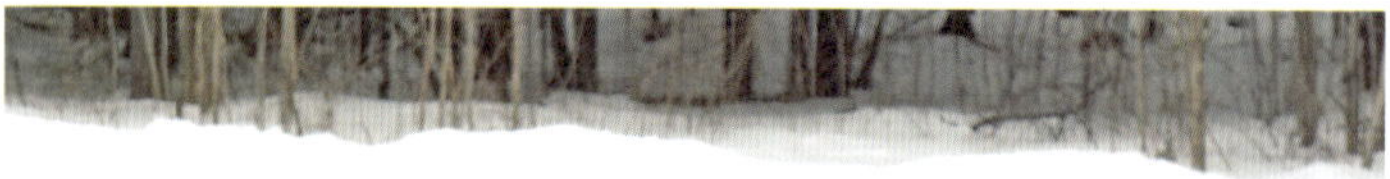

2-1：全世界の生産量の8割を占めるカナダ産メープルシロップ

さて、このあたりで、いつの間にビーバーの話になったんだ？　と怪訝《けげん》に思う読者もいると思う。しかし、決してこれはただの脱線ではない。

メープルシロップを知るためには、まずはビーバーを知る必要があるのだ。少々長い脱線になるが、心配せずにお付き合いいただきたい。

先住民が暮らす地にやってきたヨーロッパ人が最も欲しがったものこそビーバーの毛皮だった。

船で大西洋を渡ると、毛皮はヨーロッパの貴族や軍人など上流階級がかぶる高級帽子「ビーバーハット」に変身した（**写真2-3**）。

ビーバーハットと言っても、フサフサした毛皮の帽子ではない。帽子に「皮」は使わな

2-2：ビーバーのしっぽの形のスイーツ「ビーバーテイルズ」
2-3：かつてヨーロッパの上流階級で大流行したビーバーハット

い。使うのは「毛」の部分だけだ。

ビーバーは、長くてツンツンとした硬い毛の内側に、短いフワフワの柔らかい内毛を隠し持っている。この内毛を剃りとり、濡らしたり薬品をかけたりした後、熱や圧力を加えると、毛と毛が強くからまりあう縮絨《しゅくじゅう》ということが起きる。こうしてできるのがビーバーの毛のフェルトだ。

フェルトは羊の毛などで作られるのが一般的だ。しかしビーバーのフェルトのビーバーハットは軽くて独特の光沢があって防寒性にも優れ、大流行した。

一定の地位にある人のステータスシンボルだったのだろう。その材料であるビーバーの毛皮は、のちにカナダとなる地の主力輸出品となったのだ（**写真2-4**）。

◆どうやって手に入れるのか

ここで、ビーバーの毛皮がいかにすごいものだったのかを示す事例を紹介しておきたい。登場人物はフランス皇帝ナポレオン・ボナパルト。トレードマークとも言えるあの帽子も実はビーバーハットなのだ。

ヨーロッパ各国との戦争に破れ、一度は皇帝の座を退いたものの、復位を果したナポレオンはワーテルローの戦いで大敗する。

この敗戦時に敵の手に渡ったとされるナポレオンの帽子が2018年、競売にかけられるというニュースが流れた。報道によると、ナポレオンはフランスの最高権力者の地位にあった15年間に約120個ものビーバーハットを作らせたのだそうだ。

ちなみに、ナポレオンの帽子は2カ所に折り目があるので「二角帽」と呼ばれる。本来は折り目を前後に、つまり前と後ろに長くなるようにかぶるのだが、ナポレオンはなぜか左右だった。あえて戦場で目立つかぶり方をしたのは、俺はここにいるぞ、と自身の勇気を誇示する狙いだったのかもしれない。

とにかく当時はナポレオンのような権力者をはじめ、上流階級がこぞってビーバーハットを身につけた。イギリス紳士の山高帽だって実はビーバーハットなのだ。

ただし、問題はどうやってビーバーを捕まえるかだ。既に「赤毛のアンの謎」の章で、先住民が

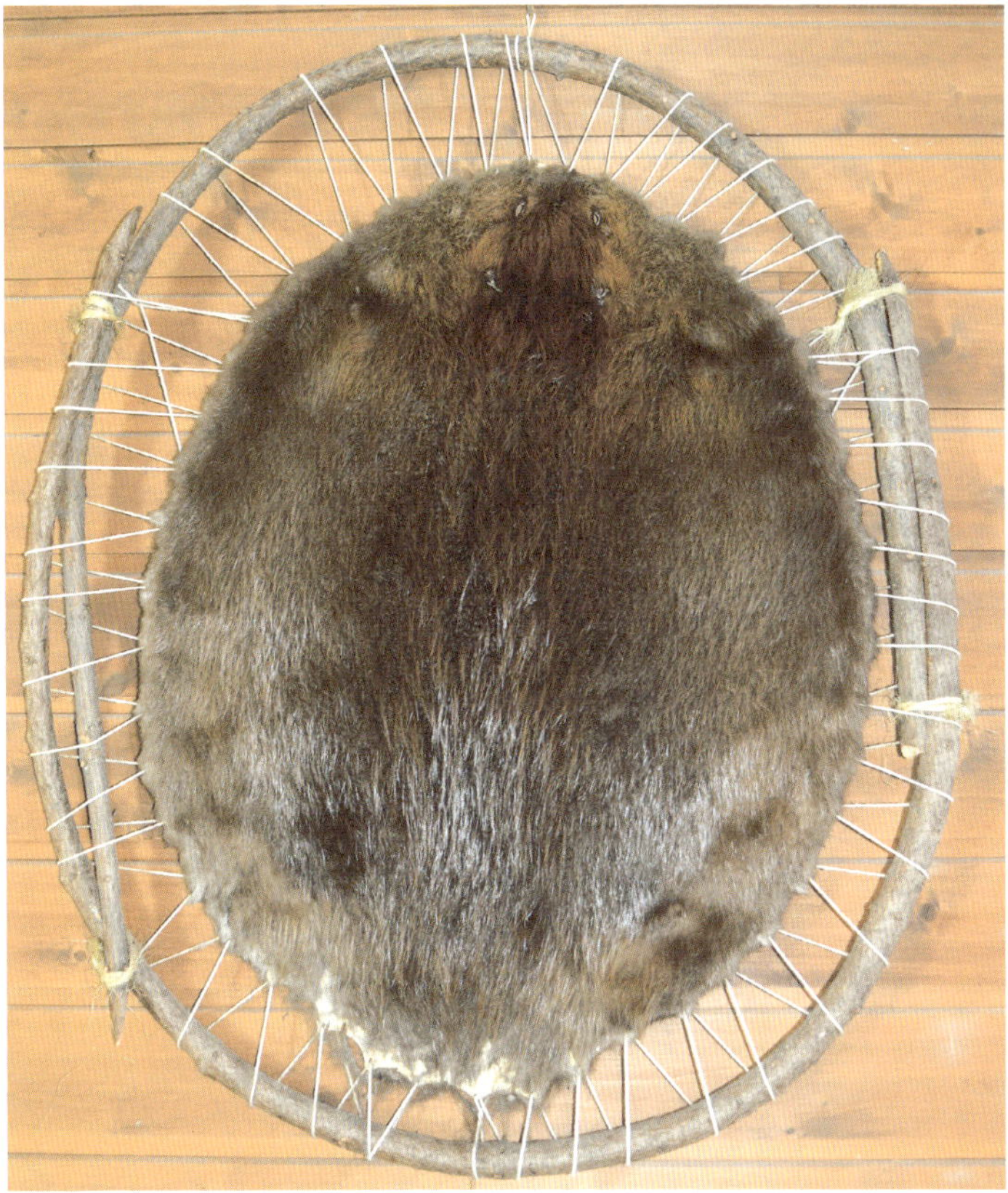

2-4：なめされた後、丸く伸ばされたビーバーの毛皮

暮らしていたところにフランス人とイギリス人がやってきたと書いた。彼らはいずれもビーバーの毛皮欲しさに大西洋を渡ってきたのだが、自分たちの手でビーバーを捕まえることはできなかった。それどころか、氷点下の厳しい冬を乗り切る方法すら知らなかったのだ。

それならば方法は1つ。まずは先住民と仲良くなり、極北の地で生き抜く術《すべ》を教えてもらう。次に先住民が捕ったビーバーの毛皮を譲ってもらうということになる。先住民にとってフランスやイギリスのお金の価値はゼロ。だから入手の手段は物々交換になる。

ヨーロッパ人が先住民に「対価」として渡したのは鍋やヤカン、ナイフに毛布などの日用品。銃なども含まれていた。こうして、ヨーロッパ人と先住民の間で始まったのが、ビーバーの毛皮交易だった。

◆血で結んだ絆

この章の冒頭、「新大陸」におけるヨーロッパ人と先住民の関係を思い出してほしい。例えばアメリカ映画の西部劇のインディアンは、馬にまたがって弓矢などで白人を襲い、白人はライフルで応戦する。両者は血を流し合う関係だった。

あるいは南米では、スペインがインディオをポトシ銀山で強制労働させ、大量の銀を本国に運び去った。西インド諸島ではサトウキビのプランテーションで先住民を酷使し、彼らが倒れればアフリカ大陸から黒人奴隷を連れてきて過酷な労働に従事させた。

一方のカナダはどうか。ビーバーの毛皮と交換する商品の中には銃までもが含まれている。敵対関係にあるなら銃など渡すはずがない。そしてもう1つ、「新大陸」の他の地域とはまったく異なる先住民と白人の関係を説明するのにもってこいのお酒がある。

毎年2月、ケベックで開かれるウィンターカーニバルでは、「カリブー」というお酒が店頭にずらりと並ぶ。カリブーとは大型の鹿のような動物で、トナカイと考えればいい。気になるのはその名前の由来だ。

高級帽子の材料であるビーバーの毛皮を物々交換で入手するため、毛皮交易人の中には、自ら先住民の集落へと足を運ぶ者もいた。今で言えば、取引先に足繁く通うビジネスパーソンだ。そこで先住民が「飲み物」として出したのがカリブーの血だった。

先住民は、血を飲むことでカリブーの生命力を手にすることができると考えていた。だから、両者の友好の証《あか》しとして血を飲み干すよう勧めたのだ。「固《かた》めの杯」というか、「お近づきのしるし」といったところだ。

先住民にすれば「おもてなし」かもしれないが、毛皮交易人にすれば飲めたもんじゃなかっただろう。そこで彼らは、カリブーの血にこっそり酒を混ぜることを思いついた。これなら何とか飲めるし、クライアントのご機嫌を損ねることもない。これこそがウィンターカーニバルの時に登場するお酒「カリブー」の名前の由来だ。

もちろん、今の「カリブー」に血は入っていない。赤い色にするために、赤ワインと別のお酒を混ぜたりして作るのだと聞いた。

こうして築かれていった関係の中で、先住民のさまざまな知恵がヨーロッパ人に伝えられていくことになる。例えば、今は雪の中を歩いて自然に触れ合う冬のアクティビティとなっているスノーシュー（かんじき）。もともと先住民が雪の上の移動手段として、木と動物の皮で作っていた。モカシン靴だって、もとは先住民が動物の皮で作っていた靴だ。

◆「協力関係」という奇跡

そろそろメープルシロップについて詳しく説明しながら、ビーバーの毛皮交易との関係を整理していきたい。

まず、先住民が作っていたのは今のようなシロップではなく、石のように固い「ハードシュガー」と呼ばれるものだった。彼らはくり抜いた丸太を樹液で満たし、水分がなくなるまで延々と焼いた石を投げ込むという気の遠くなるような作業を経て、ハードシュガーを手にしていた。

砂糖なんていくらでもあるし食べると太るなどと思うのは、現代だからこその話だ。果物やハチミツぐらいしか「甘さ」のない時代にあって、樹液から作る砂糖は文字通り貴重品だった。砂糖づくりがあまりに大変なこともあり、怠惰な部族が別の部族の砂糖を盗もうとして戦争になったという話すらある。

初期のカナダにおいてはビーバーの毛皮交易を介し、先住民と白人の間に一定の協力関係が成立していた。お互いにプラスになる間柄だったからこそ、先住民はヨーロッパ人にサトウカエデから作る砂糖の存在を自然に伝えたのだ。そうでなければ、極寒の冬を越す貴重なエネルギー源の存在を教えるはずがない。しかも甘くておいしいのだ。

カナダにおける先住民とヨーロッパ人の温かな関係。同じ「新大陸」でも他の地域では先住民が奴隷のように働かされたにもかかわらず、カナダでは両者の間に協力関係が生まれたことは奇跡と言っていいだろう。

もちろん、時代を経ると先住民が虐《しいた》げられたり、ヨーロッパ人が持ち込んだ病気のために免疫を持たない先住民がたくさん死んだりといった悲劇も起きている。しかし初期のカナダにおいては、ヨーロッパ人男性が先住民の女性を妻にして家庭を築いたりと、温かな関係に包まれていたのだ。

この章のはじめに、メープルシロップはカナダ東部のオンタリオ州やケベック州で作られていると書いた。その理由は、甘い樹液をもたらしてくれるサトウカエデの木が他ではほとんど自生していないからだ。このため、世界のメープルシロップの約8割がカナダ産、約7割がケベック州産ということになる。カナダにだけこれほどサトウカエデが自生しているのもまた奇跡だと僕は思う。

メープルシロップは「砂糖小屋（シュガーシャック）」と呼ばれる施設で作られる。多くの場合、シロップづくりだけではなくレストランも併設していて、パンケーキやシロップ漬けの甘いソーセージなどメープルシロップを使ったメニューのほか、シロップづくりの際に砂糖小屋で食べられていた豚肉や卵、豆などの料理も味わうことができる。

サトウカエデから甘い樹液を採取できるのは、昼間の気温が2〜3度、夜間がマイナス1度になる3月上旬から4月にかけてのわずか5週間ほどにすぎない。

幹にドリルで穴をあけて採取口を差し込み、チューブにつなぐ。樹液は林全体に張りめぐらされたチューブの中を通って砂糖小屋の巨大なタンクに集められ、煮詰められてメープルシロップになる。

採取時期が早い樹液から作ったシロップは色が薄くさらさらしていて、さっぱりとした味わいだ。逆に時期が遅くなると、茶色が濃くなって味も深みが増す。前者はパンケーキにかけたりし、後者はケーキづくりなどに使われたりするとイメージしてもらえばいい。

甘い樹液の存在を教えてもらったヨーロッパ人ははじめのころ、樹液を大きな鉄の鍋で煮詰めて先住民と同様、ハードシュガーをつくっていた。サトウカエデの幹には蛇口のような採取口を取り付け、そこにバケツをぶら下げる。ポタンポタンと樹液がバケツにたまっていき、いっぱいになったのを見計らって人が歩いてバケツを回収するのだ。

まだ雪が残る林の中の砂糖小屋にこもり、毎日毎日、バケツの樹液を集めて鍋で煮詰める。その生活は「きこり」のようなもの。だから今、砂糖小屋のレストランのメニューには豚肉や卵、豆などを使った素朴で伝統的な「きこり料理」が並ぶのだ。

◆いつからシロップになったのか

硬い砂糖のかたまりは何をきっかけに、今のようなメープルシロップになったのか。僕もはじめて知ったときはあまりに簡単な答えなので絶句してしまった。実はシロップを保存しておく容器がなかったからというのが正解だ。硬い砂糖がシロップになるには、ブリキ缶などの容器が登場するのを待たなければならなかったのだ。

幹にぶら下げるバケツだって昔は金属ではなく木製だった。橇《そり》に乗せた巨大な木の樽に集めた樹液を流し込み、馬や牛に引かせる。そうして砂糖小屋で鉄の鍋に注ぎ入れるのだ。ただし、人々は鍋で煮詰められて硬い砂糖になる前に、まるでメープルシロップのような状態の樹液を目の当たりにしているはずだ。

メープルシロップづくりが始まるころ、砂糖小屋では「シュガーリングオフ・パーティー」が開かれる。親戚や友人が久しぶりに集まって初物のシロップを愛でながらお酒を酌み交わし、きこり料理に舌鼓を打つという昔ながらのパーティーだ。

メープルシロップの香りとともに、ケベックの人々は寒くて長かった冬が終わり、春が訪れることを実感する。再会を喜びあい、おしゃべりに花を咲かす。花と言えば、まるで日本のお花見のようだ。

このパーティーで登場するのが「メープルタフィ（**写真2-5**）」。平らにならした雪の上に温めたシロップを細くたらし、少し固まったところで木のへらなどで巻き取って、飴のように食べる。

さあ、ここからは僕の想像だ。昔のシュガーリングオフ・パーティーでは、ぐつぐつと煮詰められている樹液は硬い砂糖になる前に少し鍋から取り出され、小屋の周囲にある雪の上にたらしてメープルタフィが作られていたはずだ。僕はこの光景がメープルシロップの誕生につながったと思っている。硬い砂糖もいいけれど、この温かくて甘いさらさらしたシロップはもっとおいしい、雪にたらすと柔らかい飴のようになるこのシロップを一年中味わいたい。

ずっとそう思っていたところに、ついに登場したブリキ製の缶。木の樽では保存できなかった砂糖になる前の味。年に1度、シュガーリングオフ・パーティーの時にだけお目にかかれる味（**写真2-6**）。

メープルシロップはおいしい。そのおいしさには、ずっと昔から厳しい冬とともに生きてきたカナダの人たちが、春を感じた時の喜びが詰まっていると思う。

そしてもう1つ、この甘さの中には、先住民とヨーロッパ人の温かな関係という歴史的な奇跡すら詰まっているように僕には思えるのだ。

2-5

2-6

2-5:平らにならした雪の上で作るメープルタフィ

2-6:春の訪れを喜び合うシュガーリングオフ・パーティー

COLUMN

マニアックな
カナダ旅

こだわりのメープルに出会う

ピック・ボア

ケベック州のイースタンタウンシップスにある砂糖小屋「ピック・ボア」では、これ以上ないであろうこだわりのメープルシロップに出会うことができる。

大抵の砂糖小屋が、サトウカエデの樹液を煮詰める前に濾《ろ》過《か》装置を使って濃度を高めるのに対し、ピック・ボアではいちから薪の炎で樹液を煮詰めていく。

オーナーのアンドレさんによると、濾過してしまうと独特の風味が失われるし、薪を使うことでシロップにスモーキーな香りをまとわせることができるとのこと。サトウカエデの林も、人の手を入れすぎずに自然のまま育てている。

樹液を煮詰めただけで作られるのがメープルシロップ。だからこそ、サトウカエデの林の状態や土地の栄養分、流れる水の質によってシロップの味は大きく変わってくるのだ。

日本に輸入されるメープルシロップの多くが複数の農家のシロップをブレンドしていることを考えれば、ピック・ボアのこだわりのシロップを一度は味わってみたくなるのも当然のことだ。

アクセス

Cabane du Pic Bois
ケベック州 イースタンタウンシップス
1468, chemin Gaspé, Brigham

3

カヌーの謎

古くから、この地ではカヌーをかついで
移動するシーンが見られる。本来、水面を移動する
乗り物であるはずなのに、これがカヌーの楽しみ方の
一つにもなっている。なぜだろう。

THE MYSTERY OF CANADA

3

THE MYSTERY OF CANADA

なぜカナダ人は楽しくカヌーをかつぐのか？

カナダでは湖などでキャンプをする際、2～3人乗りのカヌーをかついで陸上を移動する「ポーテージ」という楽しみ方がある。キャンプ場にはポーテージ・コースまで用意されていたりする。湖や川が途切れると船の腹を上にし、艇内に横に渡された棒を肩に乗せ、次の「水」まで歩くだけ。どうしてこんな楽しみ方が生まれたのだろうか。

「先住民の謎」の章で紹介したように、ヨーロッパ人は高級帽子ビーバーハットの材料となるビーバーの毛皮を手に入れるため、先住民と毛皮交易を行っていた。大西洋側、つまり東からやってきたヨーロッパ人はビーバーを求めて西へ西へと進んでいく。

カナダという国は広大で、かつ湖や川がとにかく多い。だから移動や毛皮の輸送手段として、先住民が生み出したカヌーに白羽の矢が立てられることになった。「バーチ・バーク・カヌー（Birch-Bark Canoe）」という（**写真3－1**）。

白樺（バーチ）の樹皮（バーク）から先住民が作るカヌーは軽量なるがゆえ、「水」が途切れてもかついで陸上を移動することすらできた。
ヨーロッパ人はビーバーを求め、漕ぐだけでなく、陸上ではカヌーをかついで、広大な北の大地で移動を続けた。その歴史が今のカナダ人に、ポーテージというちょっと変わった遊びをもたらしたのだ。

◆巨大化したカヌー

カナダの国土面積は日本のおよそ27倍もあり、ロシアに次いで世界で2番目に広い。国内の時間帯はなんと6つ。東西の時差は4時間半もある。これだけ広大な国土のうち、実は約25%が湖や河川、つまり「水」であることをご存知だろうか。だからカナダでの移動には水上交通が適しているのだ。

ただし、それだけならカヌーではなく、がっしりした造りの木造船でいいはずだ。しかし、よく考えてみれば国土の約25%が「水」と言っても、実際にはすべての「水」がつながっているわけではない。川や湖はどこかで必ず途切れるし、「水」には滝や急流などの難所だってある。そんな時、樹皮でできた軽量のバーチ・バーク・カヌーなら、かついで陸上を移動することができた。重たい木造船にはでき

ヨーロッパ人はビーバーを求め、漕ぐだけでなく、陸上ではカヌーをかついで、広大な北の大地で移動を続けた。

ない芸当であることは言うまでもない。

陸上移動のほかにもう一つ、毛皮交易におけるカヌーの特徴として「巨大化」が挙げられる（**写真3-2**）。カナダのオンタリオ州に全長約100キロのフレンチリバーという川がある。毛皮の輸送ルートの大動脈であり、フランス人が開拓したことからフレンチの名が付いた。既に書いた通り、カナダへの進出はおおまかに言ってフランス、次いでイギリスの順で、その後の戦争を経てイギリスの植民地であるカナダへと歴史は続いていく。カヌーによる毛皮の輸送ルートの開拓もまた、フランス人が先んじていたのだ。

僕は、フレンチリバー州立公園のビジターセンターを訪れた際、巨大なカヌーの骨組みを見学させてもらった。それはもう現代の大型トラックのようだった。2〜3人乗りだった先住民のカヌーは、漕ぎ手だけで10人を必要とし、数トンの荷物を運ぶまでになった。ヨーロッパ人はよりたくさんの毛皮を積めるよう、先住民のカヌーを徐々に巨大化させていき、最後は大型トラックのようにしてしまった。ビーバーを求める人間の欲がなせる業《わざ》だ。

◆白樺のカヌーのすごさとは

カナダの先住民が生み出したバーチ・バーク・カヌーがいかに優れているかについて少し指摘してみたい。

3-1: 博物館に展示されている白樺の樹皮でできたバーチ・バーク・カヌー

まずは既に書いたように、船体が白樺の樹皮でできているために軽く、かついで陸上を移動することができる。もちろん、楽々とかつげるということではなく、かついで移動することが可能だ、という意味だ。

そしてこの樹皮は水をはじき、一定の弾力がある。弾力というのは実は重要な要素で、カヌーで川を進んでいると浅瀬に出くわすことがある。その際、船体を川底にこすっても、弾力があれば大きなダメージを受けることなくやり過ごせるのだ。（**写真3-3**）

もし、その際にカヌーが多少、破損しても、材料はすべて自然の中から調達できるから修理が可能だ。バーチ・バーク・カヌーは白樺の樹皮をトウヒという植物のツルで縫い合わせ、継ぎ目には松ヤニと熊の脂を混ぜたもので防水加工してある。白樺の木はカナダの東からカナディアンロッキーあたりまで広く分布しているので、行く先々に修理用の「部品」があるようなものだ。

「先住民の謎」の章で書いたことだが、甘い樹液を生み出すサトウカエデはカナダのオンタリオ、ケベック両州など限られた場所にしか自生していないため、世界の約8割のメープルシロップがカナダで生産されている。同じように、バーチ・バーク・カヌーの素材となる白樺の木はカナダに広く生えている。サトウカエデと白樺という2つの偶然について考えていると、カナダという国がまるで神様に愛でられているように思えてきてならない。まあ、カナダ好きゆえの単なる思い込みかもしれないが。

ともかく、バーチ・バーク・カヌーが広大な大地を縦横無尽に移動できたのは、水陸両用であることに加え、行く先々で修理が可能という幸運に恵まれたこともあるはずだ。

さて、僕はオンタリオ州のアルゴンキン州立公園でカヌーのキャンプを経験した際に、「ビーバーダム」に遭遇している。まさしく、高級帽子の材料として捕らえられ、毛皮にされていたあのビーバーだ。彼らは集めてきた木の枝などで水をせき止めて巣を作り、家族で暮らす。それがビーバーダムだ。

ダムを乗り越えるには、いったんカヌーから降りて水の中に立ち、後ろから押すことになる。ダムは水をせき止めやすい浅瀬に作られているので川底に足がつく。

そして僕はビーバーダムを乗り越える時に、「なるほど」と実感させられた。その時のカヌーは軽くて頑丈な合成樹脂製だったが、カナダのカヌーには今も昔も軽さや弾力、しなやかさが求められるのだ、ということを。やはりバーチ・バーク・カヌーはすごいのだ。

同時に僕はもう1つ、こんなことを考えていた。ビーバーは人目を引くビーバーダムで、家族いっしょに暮らしている（**写真3-4**）。ちなみにビーバーは一夫一婦制だそうだが、それこそ一網打尽。ビーバーは家族単位でいとも簡単に捕まり、毛皮にされたのだろう。毛皮を入手するなら、あたりでひときわ目立つビーバーダムを探せばいいのだから。

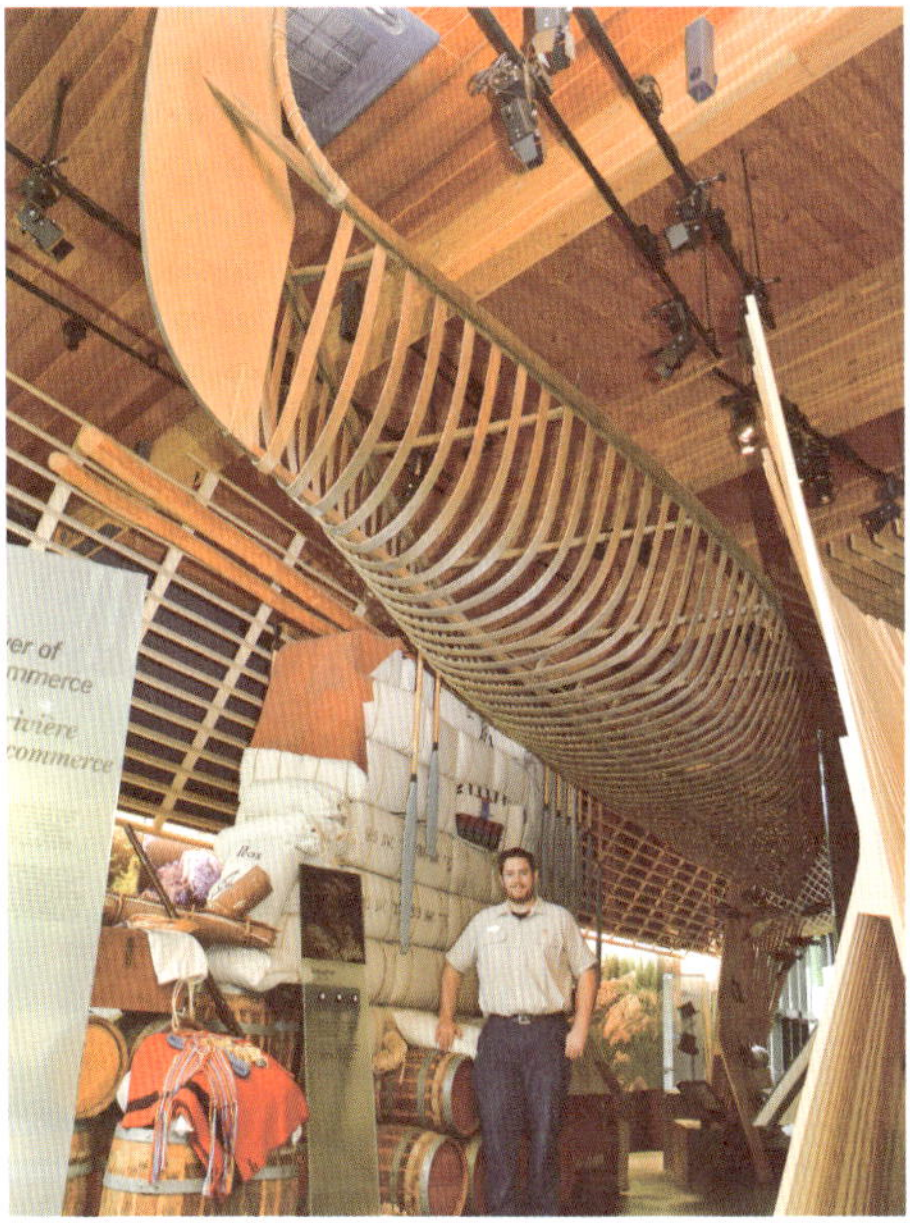

3-2：巨大化したバーチ・バーク・カヌーを再現した展示

◆アトラクションの由来

帽子の材料として捕まえられていたビーバー。そんなことに思いを致しながら、ここで少し脱線するのをお許しいただきたい。

僕はアルゴンキン州立公園でカヌーのキャンプを経験することになった時、ふと、カヌーを漕ぐのははじめてじゃないな、と思いついた。いつ、どこでだったのか、僕はカヌーなんてやったことがないはずだ、と思いながら記憶をたどり、最後に行き着いた場所がある。東京ディズニーランドだ。「ビーバーブラザーズのカヌー探検」というアトラクションがある。本当のカヌーとは言えないが、ここでパドルの握り方と漕ぎ方を教えてもらったことを思い出した。そして改めて、「ビーバーブラザーズのカヌー探検」という名前についていろいろと考えさせられた。

ビーバーは捕まえられ、毛皮にされ、カヌーで運ばれていく。やがて大きな帆船に積み込まれて大西洋を渡り、ヨーロッパで高級帽子に変身する。ビーバーはカヌーで探検する立場ではない。ビーバーを狙う探検家によって捕まえられ、毛皮にされてしまう側なのだ。

それから誰もが知っているように、カナダとアメリカは東西にはしる、ほぼ真っ直ぐな国境線で接している。だからカナダでビーバーの毛皮交易が行われていたころ、アメリカ側でも毛皮交易を生業《なりわい》としている人たちがいた。

アメリカ生まれのディズニーランドでビーバーとカヌーが関連付けられ、「ビーバーブラザーズのカヌー探検」というアトラクションが生まれても何ら不思議ではないのだ。

そんな毛皮交易に関わったアメリカ人の1人、というよりも、その中で最も有名なのが、アメリカ最初の百万長者と言われるジョン・ジェイコブ・アスターだろう。

3-3: 雲が映りこんだ湖面を進んでいくカヌー

彼は毛皮交易で富を築いた後、その資金を元手にマンハッタンで広大な不動産を購入し、子孫に莫大な資産を残した。例えばニューヨークの最高級ホテル「ウォルドルフ・アストリア」も、元をたどればビーバーの毛皮交易から得た資金に端を発している。そうと考えると、「ビーバーブラザーズのカヌー探検」という名前が、何だかすごく深い意味があるように思えてくる。

◆ネイティブの英会話教師

ビーバーの毛皮交易でフランスとしのぎを削り、戦争を経てカナダを植民地としたイギリスが毛皮交易のために設立したのが、国王の勅許《ちょっきょ》を受けた「ハドソン・ベイ」という会社だ。現存する北米最古の会社とも言われ、今もカナダ各地で「ハドソン・ベイ」という名のデパートを目にすることができる。

1824年、ハドソン・ベイがまだ純粋な毛皮交易の会社だった頃、1人の幹部社員、アーチボルト・マクドナルドという人物の家にラナルドという男の子が生まれる。

カナダにはイギリス系と言っても、イングランド以外にスコットランドやアイルランド出身の移民が多くいて、苗字に「マク、マック」がつく人がたくさんいることは説明した。ラナルドの父、アーチボルト・マクドナルドはスコットランドの生まれだ。

さらにおもしろい事実がある。1つは、ラナルドが生まれたのがアメリカのオレゴン州、太平洋

3-4:夕方、自分の巣に戻っていくビーバー。もう毛皮のために捕まえられることはなくなった

沿岸の「アストリア」という街だったことだ。あのジョン・ジェイコブ・アスターの名をとった毛皮交易の拠点こそ「アストリア」であり、そもそも「アストリア」という名前自体が「アスター」からとられている。

そしてもう1つが、ラナルドの母親が先住民だったことだ。極寒の地で生活していく術《すべ》を知らず、自分でビーバーを捕まえることもできないヨーロッパ人たち。だから「新大陸」の他の地域では先住民が奴隷のように扱われたのに対し、カナダでのヨーロッパ人と先住民はビジネスパートナーのような関係にあった。その中で、先住民の女性と結婚して家庭を持つヨーロッパ人男性も多くいたのだ。

彼女たちは部族の族長の娘などの場合が多く、ヨーロッパ人と先住民部族の橋渡し役ともなった。アーチボルトが娶《めと》った先住民女性もそんな1人で、いわば高貴な家の出だった。

ラナルドのような人たちをカナダでは、混血を意味する「メイティ」または「メティス」と呼ぶ。スコットランド出身の父と先住民の母のもと、アストリアに生まれた「メイティ」のラナルド・マクドナルドは、ハドソン・ベイが交易の拠点としていた現在のマニトバ州ウィニペグの学校に進み、幹部社員の師弟としての教育を受けている。

僕はウィニペグで「メイティ」についての取材もしているが、その話は別の章に譲りたい。1つだけ言っておくと、ラナルドがやって来た時はまだこの地はウィニペグではなく「レッド・リバー植民地」と呼ばれていた。僕が訪れた時も、ウィニペグの街の真ん中を赤土混じりのレッド・リバーが流れていた。この土地の名前はカナダの歴史に大きな意味を持ってくる。

話を元に戻すと、20代半ばとなったラナルドはなぜかアメリカの捕鯨船に乗り込み、北海道沖で下船して単身、鎖国下にあった江戸時代の日本に密入国を図る。「メイティ」という自分の存在に「生きにくさ」を感じたのか、あるいは遠い昔、アジアの方向から渡ってきた先住民と日本人が同じ祖先を持つと考え、東洋の島国に親近感を覚えたのだろうか。

とにかく捕らえられたラナルドは長崎に送られ、本国に送還されるまでの短期間、そこで日本人通詞に英語を教えたことから、日本で最初のネイティブの英会話教師とも言われている。

ラナルドの教え子たちは数年後、アメリカから黒船に乗ってやってきたペリーとの間で通訳を務めることになる。ラナルドといっしょにいたのが短期間だったことから、その英語がどれだけ役に立ったかは定かではないのだが。

◆楽しんでカヌーをかつぐ

北の大地を移動し続けた白樺の樹皮のカヌー。その積荷だったビーバーの毛皮は百万長者を誕生させたり、ヨーロッパ人と先住民を結婚させたり、日本に初の英会話教師を送り込んだり、さまざまな物語を紡ぎ出した。しかし巨大化したカヌーはいつしか元通りのサイズへと戻っていくことになる。西へ西へと進み続けたヨーロッパ人が、この大地のビーバーを捕り尽くしたからだ。「アストリア」は太平洋に面した街だ。ビーバーを追って大西洋側から始まった移動はついに、太平洋に到達していた。そしてヨーロッパでは、ビーバーハットに代わってシルクハットが人気を集めるようになっていた。

さて、毛皮交易ではカヌーに隙間なく詰めるよう、荷物は同じ大きさで四角くパッキングされた（**写真3-5**）。重さは1つ40キロもあったそうだ。

肉体労働者として雇われたバーチ・バーク・カヌーの漕ぎ手たちが、カヌーをかついで陸上を移動する「ポーテージ」では、カヌーだけでなく、1人で2つも3つも四角い荷物をしょって陸上を移動したのだという。大変な重労働だ。

しかし今、カヌーをかつぐポーテージは、カナダでのカヌーの楽しみ方の1つだし、担ぐのはもちろん普通サイズのカヌーだ。もう、1つ40キロの荷物をいくつもかつぐ過酷なポーテージも巨大化したカヌーもどこにもないのだ。

シーズンともなれば、多くのカナダ人が車の上にカヌーを積んでキャンプに出かける。カヌーを漕ぎ、カヌーをかつぎ、夕方には湖畔にテントをはって自然の中で静かな時間を過ごす（**写真3-6**）。近くには、もう捕まえられることなどないビーバーの家族が平和に暮らしている。

目の前にあるカヌーは最先端の素材で作られてはいるが、その基本的な構造は白樺の樹皮で作ったバーチ・バーク・カヌーとなんら変わりがない。つまりこのカヌーは歴史に登場した瞬間から完璧な存在だった。カナダのカヌーは今も、先住民の偉大なる知恵とともにあるのだ。

3-5:カヌーに積み込みやすいよう四角くパッケージされた積み荷

3-6:ポーテージのコースを示すキャンプ場の標識

COLUMN

＼マニアックな カナダ旅／

カヌーにどっぷり浸《ひた》るならここ

カヌー博物館

世界中を見渡してもこれほどマニアックな博物館はそうそうないだろう。それがオンタリオ州のピーターボローにあるカヌー博物館だ。

「たぶん」、という前提はつくものの、ここは世界で唯一のカヌー専門の博物館であり、パドルを移動手段とする「船」のコレクションとしては世界最大級とも言われている。とにかく白樺の樹皮で作るバーチ・バーク・カヌーはもちろん、海獣の皮で作るカヤック、木造のカヌーなど、ありとあらゆるカヌーが館内を埋め尽くしている。

特にバーチ・バーク・カヌーについてはその製造工程が事細かく図解されていて、カヌー好きならいつかはバーチ・バーク・カヌーを作ってみたいという衝動に駆られてしまうに違いない。

別棟の巨大な倉庫には、カナダ中から寄贈された古いカヌーが保管されていて、いかに移動手段としてカヌーが活用され、愛されてきたかが実感できる。博物館があるピーターボローは古くからカヌー製造が盛んな町で、1930年の時点で国内のボート製造従事者の4人に1人がピーターボロー周辺で働いていたというデータもあるほど。カヌーの町で、カヌーにどっぷり浸ってみてはいかがだろうか。

アクセス

Canadian Canoe Museum
オンタリオ州　ピーターボロー
910 Monaghan Rd, Peterborough

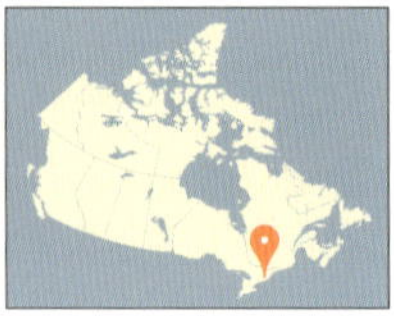

4

タラの謎

カナダの東の端に浮かぶニューファンドランド島。
かつてこの島の沖合は、タラが捕れる
世界屈指の漁場だった。そして島の人たちは
捕れたタラにキスをする。なぜだろう。

THE MYSTERY OF CANADA

4

THE MYSTERY OF CANADA

なぜこの島ではタラとキスをするのか？

カナダ最東端の島、ニューファンランドには、COD（コッド）と呼ばれるタラとキスをする「スクリーチ・イン」なる儀式がある（**写真4-1**）。旅行者もコッドとのキスを経て島の仲間入り、ということになるのだが、どうしてこんな不思議なことが行われているのだろうか。

ニューファンドランド沖はバイキングが活躍した頃からのコッドの好漁場で、およそ500年前からヨーロッパの漁船がコッドを求めて押し寄せていた。コッドは肉を食べられない庶民や「肉断ち」の日があるカトリックの人たちの食べ物となり、産業革命を機に生まれたフィッシュ&チップスの材料ともなった。

長く島の主要な輸出品だったコッドがいなければ、島の人たちは生きてこられなかった。だから彼らは感謝を込めてコッドにキスをするユニークな儀式を生み出した。

コッドは塩をして干し上げた「干し塩ダラ」となってその役割を飛躍的に増大させた。軽くて長期保存が利く干し塩ダラは、冷蔵庫も缶詰もない時代、帆船での長い航海の食料となり、大航海時代を支えたのだ。

僕は、この干し塩ダラがなければ、ポルトガルによって火縄銃は種子島にもたらされなかったかもしれないし、フランシスコ・ザビエルは日本にたどり着けなかったかもしれないとさえ思っている。北大西洋にすむ地味な魚、コッドは、僕にそんな想像をかき立てさせる特別な存在なのだ。

◆宮澤賢治とニューファンドランド

カナダのニューファンドランドと言ってもイメージのわく人はあまりいないだろう。しかし、ニューファンドランドは知らなくても宮澤賢治のことは多くの人が知っていると思う。『銀河鉄道の夜』の作者だ。

賢治が残した物語の中に、『ビジテリアン大祭』という作品がある。「ビジテリアン」とは今で言う「ベジタリアン」で、世界中の菜食主義者がひところに集まって世界大会を開催する、というのが物語の設定。その開催場所がなんとニューファンドランドなのだ。

嘘ではない。疑問に思うのは当然だけれど本当の話だ。賢治は「ビジテリアン」の世界大会の舞台に

長く島の主要な輸出品だったコッドがいなければ、島の人たちは生きてこられなかった。

ニューファンドランドを選んでいる。そして日本代表である主人公は、この島に実在する小さな港町トリニティに船で到着し、そこから大会会場へ徒歩で向かっているのだ。

現代ならテレビでたくさんの旅番組が放送されているし、インターネットも当たり前のように使える。検索すればニューファンドランドもトリニティも調べられるし、画像や動画だって見られるだろう。

ただし、そんな現代にあってすら、残念ながらニューファンドランドの知名度はさほど高くない。ましてや賢治の時代はせいぜいラジオを聞いたかもしれないという程度だ。

では、賢治はどうやってカナダ最東端の島のことを知ったのだろうか。さらに不思議なのは、仮に島の名前を知る機会があったとして、わざわざニューファンドランドを物語の舞台に選んだ理由とは何なのだろうか。

僕は学者ではないので、こうした疑問に明確な答えを示すことはできないが、仮説なら立てられる。そのための手がかりが賢治の代表作『銀河鉄道の夜』に残されていた。

主人公のジョバンニが乗る銀河鉄道に、黒い洋服を着た背の高い青年と、女の子と男の子の姉弟が乗り込んでくる。その青年は自分たち3人の境遇について、乗っていた船が氷山にぶつかって沈んだ、と説明するのだ。

こう聞いてすぐに思いつく海難事故があるだろう。1912年（明治45年・大正元年）、イギリ

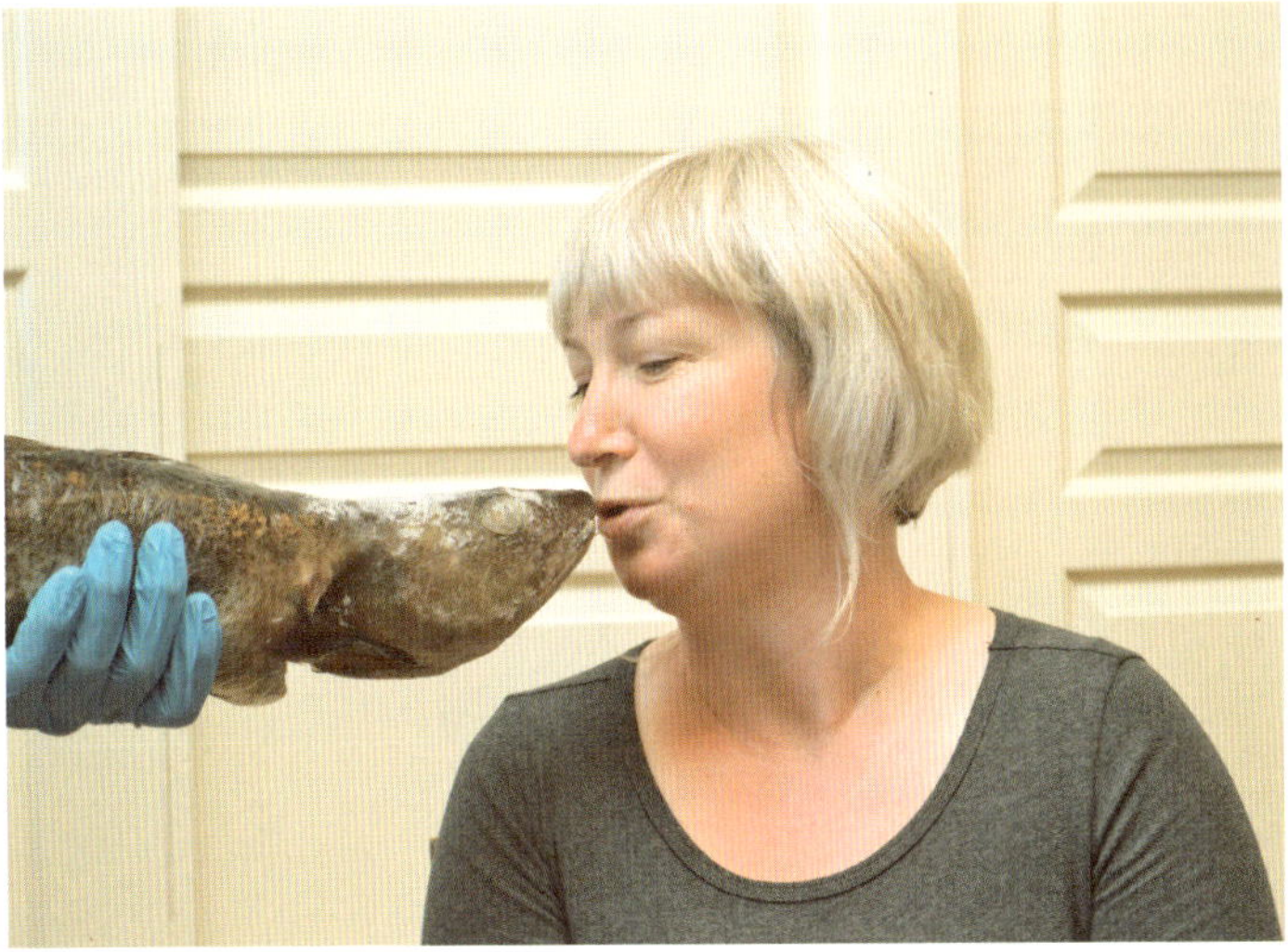

4-1：コッドと呼ばれる、タラとキスをする儀式「スクリーチ・イン」

スのサウサンプトンからアメリカのニューヨークに向けて処女航海に出た豪華客船タイタニック号は、氷山と衝突して沈没した。その場所こそ、ニューファンドランドの沖合なのだ。

岩手県花巻市で暮らす賢治はたぶんこのニュースを新聞で読んだのだろう。そしてタイタニック号沈没というショッキングな事故から何らかのインスピレーションを受け、『銀河鉄道の夜』に乗船客を思わせる3人を登場させたに違いない。

さらに仮説を続けると、賢治はタイタニックが沈んだ場所を探し、図書館で目を皿のようにして地図を見つめたのではないだろうか。その賢治の目に飛び込んできたニューファンドランドとトリニティの文字。地名はカタカナではなく英語で記されていたのだと想像する。「Newfoundland」とは文字通り、新たに見つけられた土地であり、「Trinity」とはキリスト教の教えである「三位一体」を意味する。

賢治はタイタニック号沈没の年に修学旅行で宮城県の松島を訪れ、生まれてはじめて海を見ている。衝撃的な海難事故と、目に焼き付いた初めての海。その海のはるか先にある、新世界を思わせる島と、宗教性を帯びたつづりの港町。

こうした偶然が相まって、賢治は「ビジテリアン大祭」の舞台をニューファンドランドと決め、主人公の乗る船をトリニティに入港させたのではないか(写真4-2)。

これはあくまで僕の仮説にすぎない。しかし、賢治とニューファンドランド、日本とニューファンドランドの不思議なつながりを感じずにはいられないのだ。

◆寒流が運んでくるもの

タイタニック号を沈めた氷山はもともと、はるか昔にグリーンランドなどに降った雪だ。雪は積もり続けて押し固められ、巨大な氷となる。氷は少しずつ低い方へと「河」のように移動を続けるから「氷河」と呼ばれる。最後は陸地の端まで到達し、海に崩れ落ちていく。こうして陸地にあった氷河は、海を流れゆく氷山となる(写真4-3)。

4-2：宮澤賢治が物語の舞台に選んだ港町、トリニティ

ニューファンドランドに氷山を運んでくるのは、グリーンランド方面から南下してくるラブラドール海流という寒流だ。そしてもう1つ、南からはメキシコ湾流という暖流が北上してくる。

昔、地理の授業で習った通り、寒流と暖流がぶつかりあう海域は魚種が多く、プランクトンが豊富な海となる。だからニューファンドランド沖は、流れ行く氷山を鑑賞できるだけでなく、豊富な水産資源を有する世界屈指の好漁場として知られている。その豊かな海の幸の中でも、コッドこそが島の代名詞とも言える魚なのだ（**写真4-4**）。

僕は既に、ヨーロッパ人はビーバーの毛皮を求めてカナダにやってきたと書いた。この説明は間違ってはいないのだが、実はビーバーよりもっと前に、ヨーロッパ人をカナダに引き寄せたものがコッドだった。コッドを求めてやってきた漁師が先住民と接触する中で、ヨーロッパ人はビーバーの毛皮を欲しがり、先住民は毛皮を捕ってこられるのだと、双方が認識したというのが正解だろう。

ニューファンドランドでも、特にグランドバンクスと呼ばれる海域は、寒流と暖流のぶつかりあいに加え、海底が丘のように盛り上がっているため、海の底にすむコッドには格好の住《す》み処《か》となる。

ヨーロッパの漁船は無尽蔵とも思えるコッド目当てにニューファンドランドに押し寄せていたが、では彼らがそれほどまでにコッドを必要とした理由は何だったのだろうか。

◆153日の「肉断ち」

カトリック信者には本来、年間153日にも及ぶ「肉断ち」の日が課せられているそうだ。それはキリストが磔《はりつけ》にされた金曜日だったり、聖人に関係する日だったり。それらを積み上げると年間の4割ほどが肉を食べてはならない日となる。

だからスペインやポルトガルなどカトリックの国は多くの魚を必要とし、ニューファンドランド沖に漁船を送り込んだ。

こんな内容のインタビュー記事があったことも紹介したい。ハンバーガーチェーン店マクドナルドの話だ。創業者は苗字からしてスコットランド系と思われると書いたが、ここで話したいのは白

4-3: ニューファンドランド沖を流れていく氷山

身魚のバーガーのことだ。

かつてアメリカのある店舗で、決まった曜日になるとなぜかハンバーガーが売れなくなったのだそうだ。その街にはカトリック教徒であるアイルランド系移民が多く暮らしていたのが理由だった。彼らが全員、厳格に「肉断ち」の決まりを守っていたかは分からないが、とにかく経営者にとっては看過できないほどビーフのハンバーガーの売れ行きが落ちたのだろう。解決策を考え抜いて生まれたのが、肉ではなく白身魚のフライを使ったバーガーなのだそうだ。

コッドは肉を食べられない日にも食べられるタンパク源として、カトリックの国で重宝された。ただし、ニューファンドランドのコッドをめがけて漁船が押し寄せた理由はそれだけではない。それを解き明かすためのヒントが、イギリス発祥のファストフード「フィッシュ&チップス」だと僕は思っている。

イギリスで産業革命が起こった頃、安くてお腹がいっぱいになると工場労働者に喜ばれ、広まっていったのが「フィッシュ&チップス」だ。その材料は、コッドなどの白身の魚とジャガイモだ。しかしそもそも、ずっと昔から、お金のない庶民は肉ではなく、コッドなどの魚を食べていたはずだ。いや、現代だって基本的には同じだろう。今はどちらかというと肉より魚の方が高かったりもするが、魚は長らく、肉よりもずっと安いものという位置づけだったと思う。

考えてみれば、牛や豚は餌を与えて育てなければならないが、魚なら海からとってくるだけなの

4-4：釣り上げられたばかりのコッド。すぐに海へとリリースされる
4-5：塩をして干し上げられたコッド

だ。それにしても、コッドの付け合せが「貧者のパン」と言われたジャガイモのフライなのだ。「フィッシュ&チップス」は正真正銘、庶民の味なのだと思う。

◆マカオへ、フラジルへ

コッドを必要としたスペインとポルトガルはカトリックの国であり、同時に大航海時代の先駆者でもあった。ヨーロッパの西の端、イベリア半島という地理的条件もあり、両国は先んじて大海原へと乗り出していった。

そして、何カ月にもおよぶ彼らの大航海を優れた保存食として支えたのが、コッドで作る干し塩ダラだった。

スペインとポルトガルは進出した先でしばしばぶつかりあったそうだ。解決策としてローマ教皇の下で決められたのが、大西洋に南北に線を引き、東はポルトガル、西はスペインという「住み分け」だった。１４９３年の「植民地分界線」と言われるもので、翌94年の「トルデリシリャス条約」で「植民地分界線」が少し西にずらされたことで、ポルトガルによるブラジル領有の根拠が生まれた。

だからメキシコやアルゼンチン、チリなどアメリカ大陸の多くの国がスペイン語だし、世界遺産マチュ・ピチュで知られるインカ帝国はスペインに滅ぼされた。一方でポルトガルはインドのゴアや中国のマカオに拠点を置き、ついには日本にもやってきた。

フランシスコ・ザビエルが布教にやって来たり、火縄銃がもたらされたり、そんな関係の中からカステラ、ボタン、タバコ、テンプラなど多くのポルトガル語が日本語になった。

さて、コッドが優れた保存食になるのは、その身にほとんど脂をまとっていないからだ。脂のある魚は塩漬けにするぐらいしか保存法はないが、コッドは脂のない良質なたんぱく質のかたまりだ。

コッドは頭を落とし、内臓や背骨を取り除いて身を開くと二等辺三角形の白い切り身になる。これに塩をして固く干し上げると、長期保存が可能な干し塩ダラに変身するのだ（**写真4-5**）。

干してあるので軽くてかさばらず、船に大量に積み込めるし、水で戻せば再びふっくらとなる。腐ることなどまず考えられない完璧な保存食だった。

ちなみに、コッドといえども肝臓には脂がある。これはスケトウダラなども同じで、ある世代から上の人は小学生の頃、「肝油（かんゆ）」なるものを食べた記憶があると思う。その原料が「肝油」の名の通り、タラなどの肝臓の脂で、コッドの肝臓の脂も栄養補助食品のように、びん詰め商品にされていた。

話をもとに戻そう。優れた保存食、干し塩ダラはスペインで「バカラオ」、ポルトガルでは「バカリャウ」と呼ばれている。特にポルトガルでは365日、違ったバカリャウメニューを出すことも可能と言われるほどの国民食となっている。

そして干し塩ダラ＝バカリャウが大航海時代を支えた証拠に、今は中国となったマカオにたくさんのバカリャウ料理が存在する。ほぐしたバカリャウを使ったコロッケや、バカリャウとジャガイモのクリームグラタンなど。ポルトガル領だったブラジルでも、やはりバカリャウは売られている。

そして、ちょっと悲しい話もしておかなくてはならない。「先住民の謎」の章で、カナダでのヨーロッパ人と先住民の温かな関係に触れた際、僕は西インド諸島のサトウキビのプランテーションでは先住民や黒人奴隷が過酷な労働を強いられたと書いた。彼らが食べていたのもまた干し塩ダラだった。

高い値がつきそうもない干し塩ダラはヨーロッパには運ばず、プランテーションの労働者の食料に回す。できた砂糖はヨーロッパに持ち込み、製造過程でできる甘い液体「モラセス＝糖蜜」はニューファンドランドなどで甘味料として愛されるようになった。そしてモラセスを原料にラム酒が作られた。

　西インド諸島、つまりカリブの海賊たちがいつもラム酒を飲んで酔っ払っている背景にも、実は砂糖のプランテーションと干し塩ダラが間接的に関わっているのだ。

◆コッドとのキス

　ニューファンドランドの人たちは、コッドがいたから生きてこられた。五代続くイングランド移民の漁師は僕に、「コッド・イズ・キング」という言い方を教えてくれた。カトリック教徒や庶民のお腹を満たし、大航海時代を支え、残念ながら砂糖のプランテーションでの食料となり、そして島の人たちの生活を支えて続けてきたコッドは、まさに島の「王」なのだ。

　しかし、外国から大型船がやってきて根こそぎにしたためコッドは激減し、コッド漁は1992年にカナダ政府によって禁漁とされてしまった。でも漁師たちは、コッドは帰ってくる、いや、もう帰ってきていると話す。今はズワイガニやシシャモをとり、日本に輸出して生計を立てている漁師がたくさんいる（**写真4-6**）。そうやってみんながコッド漁の再開を待ちわびている。

　島の王だから、コッドとキスをする「スクリーチ・イン」というかなりユニークな儀式が生み出された。あのモラセスから作られる、カリブの海賊が大好きなラム酒をショットで一気に飲みほしたあと、冷凍コッドとキスをするのだ。

4-6：ニューファンドランドのズワイガニやシシャモ。主に日本に輸出されている

僕は勝手にこの「スクリーチ・イン」を王への挨拶だと解釈している。だからニューファンドランドを訪れた時、念入りに冷凍コッドと生きたコッド、両方とキスをした。

すべての人にお勧めはしない。しかしせっかく島に来たのだから、どうしても嫌でなければ王への挨拶はきちんとしておいた方がいいんじゃないだろうか。

COLUMN

マニアックなカナダ旅

パフィンと戯《たわむ》れる!

エリストン岬

カナダ最東端の島、ニューファンドランド島では、愛くるしいパフィンといっしょに写真を撮れる場所がある。普段は海上で暮らすパフィンが夏の間だけ、営巣地となるエリストン岬にやって来て子育てをするのだ。

パフィンの正式な名前は、「ニシツノメドリ=西角目鳥」。西、つまり大西洋に生息し、目の周りの模様が「角」のように見える鳥ということだ。パフィンはニューファンドランド&ラブラドール州の「州鳥」でもある。

彼らの営巣地は正確に言うと、エリストン岬の先に浮かぶ小島だ。子育て中の親パフィンたちは警戒心などまったくないかのように、島から岬へと渡って来て、あたりをトコトコ歩き回ってくれる。当然、そこにはカメラを手にした人間たちが待ち構えているので、さながらパフィンの撮影会のようになってしまう。

パフィンを驚かせないよう静かに近づき、くるっと振り返れば、背中にパフィンを感じながらいっしょに写真を撮ることができる。SNSにもぴったりの一生に一度の写真にぜひチャレンジしてほしい。

アクセス

Puffin Viewing Site

ニューファンドランド エリストン

Maberly Rd, Elliston

5

ロッキーの謎

プレーリーを越え、西へと進んできた
開拓の歩みをはばんだのが、3000メートル級の
山が連なるカナディアンロッキーだ。
こんな辺境が世界的な観光地になっている。なぜだろう。

THE MYSTERY OF CANADA

5

THE MYSTERY OF CANADA

なぜカナディアンロッキーは世界が憧れる観光地になれたのか？

カナディアンロッキーはその名の通り、天に向かって突き出た岩の山脈だ。3000メートルを優に超える山々が当たり前のように立ち並ぶその姿は雄大そのもの（**写真5－1**）。ただし、もし観光拠点や交通手段がなかったら、岩の山脈は人を寄せ付けないただの「秘境」だったはずだ。カナディアンロッキーはどうして世界有数の観光地になれたのだろうか。

カナディアンロッキーの観光拠点はバンフという街。その中心に「バンフ・スプリングス・ホテル」というお城のようなホテルがある。

しかし、そもそもここにホテルを建設する構想などなかった。あったのは岩の山脈を貫いて線路を敷き、そこに蒸気機関車を走らせるというとんでもない計画だった。

1867年、建国当時のカナダは、大西洋側にあるケベックやオンタリオなど、わずか4つの州が参加しただけのちっぽけな国だった。中央部のプレーリーや太平洋に面したあたりはまだカナダですらなかった。

だから誕生したばかりのカナダ政府は、西の太平洋側までを1つの国にまとめてカナダを大陸横断国家に育て上げようとしていた。その手段こそが、大西洋と太平洋を結ぶ大陸横断鉄道の建設だった（**写真5－2**）。

カナディアンロッキーという世界が憧れる観光地の誕生は、大陸横断鉄道建設という壮大な国家プロジェクトの「副産物」に過ぎなかったのだ。

◆東のビーバー、西のラッコ

本題に入る前に、当時のカナダが置かれていた国際情勢を理解してもらう必要がある。ポイントは、建国した頃のカナダが、戦争を経てイギリスからの独立を果たしたアメリカに併呑されそうになっていたということだ。

カナディアンロッキーという世界が憧れる観光地の誕生は、大陸横断鉄道建設という壮大な国家プロジェクトの「副産物」に過ぎなかったのだ。

ここで登場するのは大英帝国、アメリカ合衆国、帝政ロシア、そしてラッコだ。海の上に仰向けに浮かび、お腹の上で貝を割る、あの愛らしいラッコ。カナディアンロッキーという世界の誰もが知る観光地の誕生には、底流でラッコの存在が関わっている。

世界地図を見ることができるなら、北米大陸の太平洋側をじっくりと眺めてほしい。よく見ると、アメリカのアラスカ州は海岸線部分だけが、細くてぐっと南にせり出している。おかげで太平洋に面したカナダ部分は意外なほどに狭い。なんだか不思議な形だとは思わないだろうか。

帝政ロシアは古くからクロテンをはじめ、動物の毛皮を特産品としていた。最大の輸出国は中国「清」。日清戦争とかラストエンペラーとかで知られる中国最後の王朝だ。

シベリアで毛皮獣を捕り尽くしたロシアは北太平洋へと進出し、海で暮らすラッコを見つける。ラッコの毛皮は、清の上流階級に高値で売れたのだそうだ。ロシアはラッコを追い求めてベーリング海を渡り、今はアメリカの領土となっているアラスカに到達した。

この本を読んできた読者であれば、なんだか前に聞いたような話だな、と思うはずだ。東からはビーバーの毛皮を求めてフランスやイギリスが、西からはラッコの毛皮を追ってロシアがやってきた。東のビーバー、西のラッコ。どちらもカナダの動物たちにとっては迷惑な話だ。

ロシアはアラスカに拠点を設けてラッコ漁を始める。ただし、ビーバーの毛皮交易には先住民との間でヒューマンな関係があったのに対し、ロシア人は北太平洋でカヤックを操っていた先住民を脅し上げ、家族を人質にとるなどしてラッコを捕らえさせた。ラッコだけでなく先住民にとっても迷惑千万な話だったのだ。

ちなみに、ビーバーの毛皮交易に使われたバーチ・バーク・カヌーは白樺の樹皮製で、今で言う

5-1

5-2

5-1:カナディアンロッキーの雄大な景色

5-2:大陸を横断し、はじめてバンクーバーまでやってきた蒸気機関車

オープンデッキのカヌーだった。一方、ラッコ漁に駆り出された北太平洋の先住民が使っていたのは、アザラシなどの皮で作られ、船の上側が覆われたクローズドデッキ。人が下半身を入れる部分にだけ穴があいていて、覆いなどで船体内部には水が入らないようになっているシーカヤックだ。カヤックの愛好家なら「エスキモーロール」を知っていると思う。船が転覆したとき、パドルの操作や体の動きによって回転する、つまりローリングして、くるりと元通り水面に起き上がるテクニックがそれだ。

極寒の海でオットセイやラッコを捕っていた先住民にすれば、転覆しても素早く起き上がらなければ命に関わる。そしてこの芸当は当然、ロシア人にはできない相談だった。ただし、暴力を背景に先住民にラッコを捕らせたとしても、ロシア人にとってはアラスカで暮らすこと自体が大変だったようだ。

寒さ対策や食料の確保など多くの問題を抱えていたし、ロシアと清の条約では、清に毛皮を売るには陸路を長距離輸送してシベリアのキャフタという場所に持ち込む必要があった。経費がかさむ事業構造だったのだ。

食料確保などで何かいい知恵はないかと考えた結果、ロシアが目をつけたのが比較的近くにあった島国、日本だった。

江戸時代も終わりに近づくと、ヨーロッパの船が日本にやって来たのは歴史の授業で習った通り。

その中に、ラクスマンとレザノフというロシア人の名前があったと思う。

紀伊の国から江戸に向かう途中で難破し、ロシアで生き抜いていた運搬船の船頭・大黒屋光太夫《だいこくやこうだゆう》の返還とともに、通商を求めてきたのがラクスマン。次いで1804年に長崎に来航したレザノフは、実はアラスカでの毛皮事業を担う「露米会社」の経営陣だった。彼は日本との通商実現とともに、自らの毛皮事業の立て直しという重要なミッションも担っていた。

レザノフは結局、目的を果たすことなく日本を離れ、その後、ロシアとイギリスの間でアラスカ方面の国境線交渉がまとまる。ラッコ漁ができる地域を可能な限り確保したいというロシア側の要求を考慮した結果、アラスカは海岸線に沿って細く長く南へと伸び、今のように不思議な形になった。

◆アメリカの「明白な天命」

1867年に、大西洋側にちっぽけなカナダが建国したのは既に述べた通り。日本で言えば幕末、大政奉還や坂本龍馬暗殺事件が起きた年だと言えば、この章で大黒屋光太夫とかレザノフが登場するのも分かってもらえると思う。

日本最初のネイティブの英会話教師、ラナルド・マクドナルドが鎖国下の日本に密入国しようとしたのも幕末、1853年にペリーの黒船がやってくる少し前のことだった。ラナルドが乗り込んでいたのはアメリカの捕鯨船だったし、ペリーの来航は、やはりアメリカの捕鯨船の物資、つまり蒸気船を動かすための水や薪炭、あるいは食料の補給や漂流民の保護が目的だった。マッコウクジラから採れる油は当時、照明用のランプの油に使われていたのだ。

そしてペリー来航の少しあと、カナダ建国と同じ1867年に、アラスカはロシアからアメリカに売却された。だから今、アラスカはアメリカの州の1つになっている。

売却の理由は、ラッコがだんだん捕れなくなっていたことのほか、ロシアの財政事情があった。ロシアはヨーロッパでのクリミア戦争に敗れて財政難に陥り、アラスカの売却を決断する。ただし、クリミア戦争で敵だったイギリスには売りたくない。そこで「敵の敵」であるアメリカを売却先に選んだ。

さあ、ようやくカナディアンロッキーの話に近づいてきた。既に戦争を経てイギリスからの独立を勝ち取っていたアメリカでは、カナダ建国のずっと前から、北米大陸全体をアメリカが併合すべきだという論調が強まっていた。アメリカの領土拡大は「明白な天命」とまで言われていたそうだ。カナダとしても手をこまねいてはいられない。東から西まで、早くカナダを1つにまとめてアメリカに対抗できる大きな国家に成長しなければならない。そのためには東と西をつなぐ大陸横断鉄道を建設する必要があった。そんな事情がカナディアンロッキーを鉄路で貫く構想へとつながっていく。

可能であればもう1度、カナダの太平洋側の地図を見ていただきたい。ここにはカナダに10ある州の1つ、ブリティッシュ・コロンビア州がある。

この州には、世界で最も住みやすい街に何度も選ばれているバンクーバーがあるし、既に紹介した通り、州都の名前はイギリスのヴィクトリア女王の名からとられている。しかし、ここで大事なのは「ブリティッシュ・コロンビア」という名前だ。わざわざ「イギリスのコロンビア」と名付けたのは、アメリカのコロンビアでは断じてない、というイギリスの強い意思の現れだ。

コロンビアとは、太平洋に流れ込むアメリカのコロンビア川とその周辺。アメリカ初の百万長者、ジョン・ジェイコブ・アスターゆかりの毛皮交易の拠点であり、あのラナルド・マクドナルドが生まれた「アストリア」は、コロンビア川の河口に位置している。

コロンビアは、ビーバー猟ができる最後の地だった。ビーバーの毛皮を求めて大西洋側からスタートしたヨーロッパ人の歩みは、ついに太平洋にまで達していた。

そのコロンビア川の北の方に位置するイギリスの「ブリティッシュ・コロンビア植民地」を併呑されないよう、カナダ政府はカナディアンロッキーを貫く大陸横断鉄道の建設に邁進《まいしん》していった。

大陸横断鉄道建設という国家的プロジェクトを担ったのが、「カナダ太平洋鉄道（CPR）」という会社。太平洋まで続く鉄道を建設する会社、という分かりやすいネーミングだ。

CPRは、カナダの初代首相であり、前述したスコットランド系の苗字「マク、マック」の時に紹介したジョン・A・マクドナルドのバックアップを受けた言わば国策会社で、政府の莫大な資金援助を受けて工事を進めていった。

◆スコットランド人の合言葉

このエ事にはジョン・A・マクドナルドのほかにも多くのスコットランド人が関わっている。CPRの経営陣では、社長に就いたモントリオール銀行頭取のジョージ・スティーブンも、そのいとこで毛皮交易会社「ハドソン・ベイ」のカナダ代表、ドナルド・スミスもスコットランド出身だ。主任測量技師のサンフォード・フレミングもスコットランド移民。ちなみにフレミングは、時差の解決方法として世界標準時刻を提唱したほか、カナダ初の切手にビーバーをデザインした人物でもある。

そして、この難事業のためにCPRが招聘《しょうへい》したのがウィリアム・ヴァンホーンというアメリカ人だった。強烈なリーダーシップで鉄道建設を推し進めるその手法から「鉄路の皇帝」の異名で呼ばれていた。

ヴァンホーンの豪腕のおかげで工事は急ピッチで進んだ。しかし、実はこの工事には多くの中国人労働者が駆り出されていて、特に最難関の危険なロッキー越えでは多くの中国人労働者が命を落としている。線路1キロの建設ごとに3人の中国人が亡くなったとさえ言われるほどだ。

貴族がラッコの毛皮を高値で買いあさっていた清。アヘン戦争でイギリスに破れた清。労働者として太平洋を渡った清の民《たみ》の多くが、ロッキー山中で命を落としているのだ。

無理を重ね、強引に進められた鉄道建設はそれでも費用がかさみ、首相のジョン・A・マクドナ

5-3:大陸を横断する線路がつながった「ラストスパイク」の瞬間

ルドの尽力で何度も追加の政府出資を受けたにもかかわらず、CPRは倒産の危機に直面する。

本国イギリスに戻って金策に奔走していた社長のジョージ・スティーブンが、カナダの地で頑張る同郷人たちに送ったのが「スタンドファスト、クレイゲラキー」という言葉だった。

クレイゲラキーとは、スコットランドのバンフシャーというところにある大きな黒い岩だ。戦争の際には見張りが立つ場所で、要は「戦争だ、一歩も引くな!」と仲間に勇気を奮い立たせる言葉だという。日本なら「天下分け目の天王山」とか「いざ鎌倉」みたいなもの。「レッツ・ゴー・カマクラ」と言われても、分かる人には分かる、分からない人にはまったく分からない。「スタンドファスト・

クレイゲラキー」も同じようなものだ。

とにかくＣＰＲはある事情によって倒産の危機を乗り越え、カナディアンロッキーの山中で東と西から延びてきた線路が繋ぎ合わされることになった。枕木と線路を打ち付ける大きな釘を「スパイク＝犬釘《いぬくぎ》」という（**写真5－3**）。大西洋と太平洋を結ぶ線路が結ばれる最後の犬釘「ラストスパイク」が打ち込まれた、カナダ史にとって非常に重要なその場所は、ヴァンホーンによって「クレイゲラキー」と名付けられた。

◆輸出できない景色

「鉄路の皇帝」ウィリアム・ヴァンホーンはその後、ＣＰＲでさらに豪腕を振るうようになる。〝走るホテル〟のような豪華な専用車両を連結させた列車「ビジネス・カー」で西へ東へと移動し、各地で指示を出し続けた。その１つがカナディアンロッキーの観光拠点バンフの整備とホテル建設だった（**写真5－4**）。

バンフと言っても、当時は鉄道が通過するだけで名前すらなかった場所だ。ある鉄道作業員がそこで金鉱脈でもないかと探しているうちに温泉を発見する。温泉は健康にいいし、雄大な景色もある。「皇帝」は急きょ、「バンフ・スプリングス・ホテル」の建設を命じる。その時ヴァンホーンは、「この景色を輸出できないなら、観光客を輸入するのだ」と言ったそうだ。その言葉通り、バンフには

5-4：ロッキー観光の拠点、バンフの街

今も世界中から観光客が訪れている。

バンフに行く機会があったら、このホテルの前でおっかない顔をして人差し指を突き立てている銅像をぜひ確認してほしい。サボってるんじゃない、と言わんばかりの「皇帝」ヴァンホーンだ（**写真5-5**）。「クレイゲラキー」だけでなく、この地を「バンフ」と名付けたのもヴァンホーンだ。CPR社長のジョージ・スティーブンらの故郷、クレイゲラキーがあるスコットランドの「バンフシャー」からとった。

バンフと並ぶカナディアンロッキーの人気の景勝地、レイクルイーズはヴィクトリア女王の四女、ルイーズ・キャロライン・アルバータにちなんでいる。「カナディアンロッキーの宝石」とも呼ばれる美しい湖だが、その近くを線路が通ったのは単なる偶然だ（**写真5-6**）。

バンフもレイクルイーズも、そこを観光地にしようとしたわけではない。アメリカに併呑されないよう、必死に鉄道建設を推し進めた、その最大の難関であるロッキー越えのコース上に偶然あったのがバンフであり、レイクルイーズであったにすぎない。

なんという偶然だろうかと思う。もちろん、「皇帝」ヴァンホーンの先見の明こそ素晴らしいのだが、それにしてもカナダという国は、不思議な幸運に恵まれているように思えてならないのだ。

5-5

5-6

5-5：バンフ・スプリングス・ホテルの前に立つ「皇帝」ヴァンホーンの像
5-6：「カナディアンロッキーの宝石」とも言われるレイクルイーズ

COLUMN

＼マニアックな カナダ旅／

運が試される峠

スパイラル・トンネル

かなり運のいい人だけが、ここでかなりマニアックな光景を目の当たりにすることができる。普通の運であれば多分、見られるのは山とトンネルという退屈な風景だろう。カナディアンロッキーの「キッキング・ホース峠」では、その山の中に大蛇のようにくねくねとした長い「スパイラル・トンネル」が掘られている。

ここにカナダ名物とも言える、気が遠くなるほど長い貨物列車が差し掛かると、先頭車両がトンネルから出てきても最後尾はまだトンネルに入っておらず、「おしり」が出ているという珍しい光景が出現する。

実は大陸横断鉄道を建設する際、キッキング・ホース峠があまりに急勾配《こうばい》なため、線路やトンネルを何度もくねくねさせる必要があった。蒸気機関車の最大の弱点は急な坂。勾配《こうばい》がきつ過ぎると登れないし、下りではスピードが出すぎてエンジンが爆発する危険性すらある。今、キッキング・ホース峠には展望台があって珍しい光景を見物できる。「できる」といっても、貨物列車がいつここに差し掛かるかは分からない。実際に見られるかは、「運次第」。運試しのためにわざわざ貨物列車を待つというのも、かなりマニアックではある。

アクセス

Lower Spiral Tunnel Scenic Viewpoint

ブリティッシュ・コロンビア州　ヨーホー国立公園
トランスカナダ・ハイウェイ(国道一号線)をFieldから7.4キロメートル東に行くと展望台がある。

6

トーテムポールの謎

ユニークな造形で知られるトーテムポールは、
北米大陸を象徴する彫像だ。
ところが、これを文化として伝えてきたのは
太平洋岸に住む先住民だけ。なぜだろう。

THE MYSTERY OF CANADA

6

THE MYSTERY OF CANADA

なぜトーテムポールは太平洋沿岸にしかないのか？

トーテムポールは太平洋沿岸にしかないものだと言われたら、ちょっと不思議に思うかもしれない。僕らは先住民、いわゆるインディアンについて、頭には鳥の羽根飾りをかぶって顔にはペインティング、背後にあるのはトーテムポールといった誤ったイメージを持っている。しかし実際には、トーテムポールは太平洋沿岸で暮らす先住民の固有の文化なのだ（**写真6-1**）。

バッファローの群れを追い、折りたたみ式の円錐形テント「ティピ」で移動生活を続ける平原の先住民にとって、巨大な木の柱など邪魔でしかない。だからそもそも作るはずもないし、作ってもいない。仮に作ろうと考えたとしても、乾いた荒野にはトーテムポールづくりに適した大木はないのだ。

一族の言い伝えや亡くなった人の功績などの物語が込められたトーテムポールの文化を成立させたのは、太平洋沿岸という特殊事情があった。

その1つが産卵のために毎年、太平洋沿岸の川に戻ってくる無数のサーモン。もう1つが太平洋から吹き込む暖かくて湿った空気に育てられた温帯雨林の巨木なのだ。これらがなければトーテムポールは生まれなかっただろう。

◆魚売り場から見えるもの

カナダの太平洋沿岸、ブリティッシュ・コロンビア州（BC州）の話をする前に、まずは日本のスーパーの魚売り場の話から始めたい。怪訝《けげん》に思うかもしれないが、魚売り場にはカナダのサーモンを理解する上で重要な情報が溢れているのだ。

まずは切り身をじっくり見てほしい。「鮭」だけではなく、「秋鮭」とか「生鮭」と書かれた切り身があると思う。これらは普通、「シロザケ」という1種類のサーモンだ。日本の川には、ほぼ「鮭＝シロザケ」しか遡上しないと言っていい。

一族の言い伝えや亡くなった人の功績などの物語が込められたトーテムポールの文化を成立させたのは、太平洋沿岸という特殊事情があった。

日本には1種類しかいないから単に「鮭」と呼び続けてきた。昔から日本人が食べてきた「塩ジャケ」とか「鮭の切り身」とか「新巻鮭」とか、あるいは卵がイクラになるのも本来はみんな鮭＝シロザケだった。

ところがBC州の沿岸には5種類ものサーモンが

遡上してくる。日本とカナダでの呼び名を示してみると5種類は次のようになる。

❶鮭（シロザケ）　チャムサーモン
❷紅鮭（ベニザケ）　ソッカイサーモン
❸銀鮭（ギンザケ）　コーホーサーモン
❹カサフトマス　ピンクサーモン
❺マスノスケ　チヌークサーモンまたはキングサーモン

紅鮭や銀鮭なら普段から食べていると思うかもしれない。しかし紅鮭はロシアやアラスカ産だし、銀鮭は国内やチリの養殖ものが多いはず。いずれも日本の川には遡上しない。

ちなみに銀鮭は、国内では三陸で盛んに養殖されてきた。しかし2011年3月11日の東日本大震災で施設に被害が出たため養殖場所を移した会社もあり、今では鳥取県の海で養殖された銀鮭も食べることができる。

話を元に戻すと、大事なのは日本が1種類の鮭なのに対し、カナダの太平洋沿岸には5種類ものサーモンが遡上してくる点だ。そして日本の鮭の遡上は秋だけだが、カナダでは春から秋、7カ月間にもわたって違う種類のサーモンが次々にやって来るのだ。

6-1: バンクーバーのスタンレーパークにある各部族のトーテムポール

サーモンの遡上で特に有名なのがバンクーバーの南、カナディアンロッキーから太平洋へと流れ込むフレーザー川だ。ここには毎年、産卵用に体を赤く変えた紅鮭が押し寄せ、その光景は「サーモン・ラン」と呼ばれている。そして4年に1度、遡上数が極端に増える「ビッグ・ラン」の年の紅鮭の数は数千万匹とも言われ、川が赤く染め上げられてしまうほどだ（**写真6-2**）。

7カ月もの間、待っているだけでサーモンがやってきてくれる。先住民はすぐにサーモンを食べるだけでなく、燻製などの保存食にしていた。こうしておけばサーモンが来ない冬でも食べ物に困らない。カナダ太平洋沿岸の先住民がさほど食べ物に困らず、トーテムポールづくりに勤《いそ》しむことができた理由をご理解いただけると思う。

◆トーテムポールの材料は

トーテムポールづくりには材料となる巨木が不可欠だ。世界有数の温帯雨林の森がなければトーテムポールは生み出されなかった。

バンクーバー近郊をはじめ、BC州にはたくさんの巨木が生えている（**写真6-3**）。日本列島の南を流れる暖流である黒潮は、太平洋を北東へと進み、最後はBC州沿岸あたりに到達する。南からの温かい黒潮のおかげで、BC州は緯度のわりには暖かい。

加えて、黒潮が運んでくる水蒸気をたっぷり含んだ空気が山々にぶつかり、その手前に大量の雨を降らせる。温かくて雨の多いBC州には世界でも有数の温帯雨林の森が生まれ、巨木が育つ。その中の柔らかくて加工しやすいレッドシダーの木がトーテムポールの材料となる。

さらに重要なのが巨木を削る道具だ。実は研究者の間で語られていることだが、先住民は接触したヨーロッパ人から鉄を入手しただけでなく、海岸に漂着した日本や中国の難破船に使われていた鉄をはがし、ナイフなどの工具を作っていたと見られている。

キャプテン・クックの名前は聞いたことがあると思う。ハワイを発見したイギリス人の船乗りと言えばいいだろうか。

日本でも出版されている航海日誌によると、クック船長の艦隊がBC州沿岸に到達した時、先住民は既に鉄の「のみ」やナイフを持っていたそうだ。そして、その形状はどうもヨーロッパのもの

6-2:川を赤く染め上げる紅鮭

ではなかったという。

さらに、クック艦隊の船に乗り込んできた先住民はしきりと鉄を欲しがり、ちょっと目を離すと船体の各所に使われている鉄を勝手にはがして持って行ってしまったのだそうだ。これこそ船に鉄が使われているのを既に先住民が知っていた証《あか》しだろう。

東日本大震災の時、日本からのさまざまな漂流物が流れ着き、BC州の方々には随分と迷惑をかけてしまったことはニュースでも報じられた。その時と同じように、難破した日本の船が黒潮に乗ってカナダまで運ばれたとしても、決して不思議なことではない。

黒潮は日本列島の南からBC州沿岸へと向かい、そこに温かな空気と水蒸気を吹き込んで巨木の森を育む。鉄を使った難破船も運ばれ、先住民に巨木を削る工具をもたらした。トーテムポールは太平洋沿岸だからこそ生まれた文化なのだ（**写真6-4**）。

ここでちょっとだけ脱線させてほしい。1970年に大阪で開催された万国博覧会、いわゆる万博には、各国のパビリオンに混じってブリティッシュ・コロンビア州館もあった。

その建物はすべてBC州の巨木で作られていて、当時このパビリオンが気に入って何度も会場に足を運び、閉幕後には巨木が処分されることを知ると、ついにその1本を買い取ってしまった方がおられる。

この方は仕事を辞め、惚れ込んだ巨木を一枚板のカウンターに使った喫茶店を大阪市内に開業した。僕も店にお邪魔したことがあるが、このカウンターが黒潮によってBC州で育てられ、海を渡って日本にやってきたのかと思うと、なんとも感慨深いものがあった。

さらに、万博跡地に開設された国立民俗学博物館には、BC州の先住民アーティストに新たに製作してもらった本物のトーテムポールまで展示されている。そんなことをあれこれ知り始めると、黒潮や巨木が日本とカナダをつないでくれているような気がしてならないのだ。

6-3：BC州に広がる巨木の森

◆サーモンの缶詰

「ロッキーの謎」の章で、ラッコを求めてロシアがアラスカに進出してきたと書いたが、ロシアがその時に拠点としたのがシトカという街だ。

ロシアがイギリスとの国境交渉で、より広範囲でのラッコ猟を希望したため、アラスカは海岸線の部分が細長く南に伸びることになった。シトカは、その伸びた真ん中あたりに位置している。

もちろん、シトカにも数え切れないほどのサーモンが遡上してくる。ただし、ロシア人たちはサーモンを自分たちのものにするために、シトカで暮らしていた先住民を攻撃し、追い出すことまでやっている。

どうもロシアによるラッコ猟にはビーバーの毛皮交易のような温かみが感じられない。どちらも動物を殺して毛皮を剥ぐことに変わりはないが、とにかく殺伐としているのだ。

それはともかく、乱獲されたラッコが姿を消し、アラスカが売却されてアメリカの領土になったあと、シトカにはサーモンの缶詰工場が建設された。

今と違って冷蔵・冷凍技術がない時代に、缶詰は優れた保存食として世界中に広がり、中でも戦争では兵士の食料として重宝されるようになった。そしてアラスカだけでなく、ＢＣ州の太平洋沿岸にもサーモンの缶詰工場が林立するようになっていく。

紅鮭の「ビッグ・ラン」が見られるフレーザー川の河口にあるスティーブストンという漁港もその1つ。ここの缶詰工場ではかつて、たくさんの日本人が働いていた。

「ロッキーの謎」の章で紹介した大陸横断鉄道の終着点は、太平洋に面したバンクーバーだった。この工事を成し遂げるとカナダ太平洋鉄道（ＣＰＲ）はすぐに、日本の横浜を経由し、香港とバンクーバーを結ぶ定期航路を開設している。

6-4：太平洋側の玄関口、バンクーバー空港ではトーテムポールが出迎えてくれる

イギリスとの良好な関係のもとに建国したカナダと、イギリスの植民地である香港が海路で結ばれるのは自然なことだ。おかげで香港からバンクーバーにお茶が運ばれ、それは貨物列車でカナダを東へと横断した。

お茶はカナダやアメリカの東部、さらには再び海を渡ってロンドンまで輸送された。ＣＰＲの定期航路と大陸横断鉄道がアフタヌーン・ティーの習慣を支えていた。

◆ミカンとカズノコと補償協定

この定期航路はお茶だけではなく、経由地の日本から、バンクーバーの南に位置するスティーブストンに「人」も運んできた。サーモンの缶詰工場で働く出稼ぎ労働者だ。

缶詰工場で働いていた日本人のうち、多かったのが和歌山県の旧三尾《みお》村というところの出身者だった。バンクーバーに渡った村の出身者が、サーモンがわくように遡上するこの川にはいい仕事があると、村の人たちを呼び寄せた結果だ。

だから旧三尾村にはスティーブストンで稼いだお金で洋風の家を建てる人も多く、「アメリカ村」と呼ばれるほどだった。もちろんアメリカではなく、本来は「カナダ村」とすべきところなのだが。

そして、和歌山の人などが持ち込んだのだろう、いつしかカナダでは温州《うんしゅう》ミカンが食べられるようになっていく。真冬のカナダにはない柑橘《かんきつ》は人気を集め、今ではクリスマスオレンジと呼ばれている。今、日本からの温州ミカンの輸出先はカナダがトップだ。

スティーブストンで男たちはサーモン漁に従事し、女たちは工場でサーモンをさばき続けた（**写真6-5**）。辛い仕事ながらも少しずつ生活は安定し、やがてカナダ生まれの2世、3世も生まれた。

しかし1941年、太平洋戦争が勃発して日本と米英両国、そしてカナダが交戦状態に入ると、日本人は敵性外国人とみなされ、すべての財産を没収されて内陸部に強制移住させられた。太平洋沿岸に置いておけば日本軍と連携しかねない、というがその理由だ。

6-5：スティーブストンでサーモン漁に従事する日本人（漁業博物館の展示を撮影）

そんな不幸に見舞われた日系人の中に、アート・ミキさんという、バンクーバー生まれの日系3世がおられる。今はカナダの真ん中あたり、マニトバ州のウィニペグで暮らしている。ウィニペグ在住なのは、ここに一家で移住させられ、水も電気もない小屋で暮らしながら甜菜《てんさい》畑で働かされたからだ（**写真6-6)。アートさんは当時、まだ5歳だった。

戦後、アートさんは日系カナダ人協会の会長として、戦時中の人種差別的な政策への補償を求める運動に奔走《ほんそう》。1988年9月、ついに当時のブライアン・マルルーニー首相とともに、「日系カナダ人補償協定」に署名するに至る。

戦時中のカナダ政府の対応が間違っていたのは言うまでもない。補償協定も戦後40年以上を経てのものだ。それでもアートさんは「カナダ政府が自らの過去の過ちを認めたことは賞賛されるべきだ」と語る。

アートさんによると、カナダ政府はその後、わざわざ日本に人を派遣し、カナダから強制的に帰国させられた人たちを探し、補償を受けるよう促して回ったという。

どの国にもどの民族にも過ちはあるが、過ちに気づいた時、真摯《しんし》に真正面から向き合おうとするカナダ人の愚直さにはほっとさせられることが多い。こういう時のカナダ人はとにかく徹底して「くそ真面目」なのだ。

アートさんが暮らすウィニペグには、「国立人権博物館」という施設がある。巨大な建物の中で、カナダだけにとどまらない、全世界のすべての人権問題を取り上げ、向き合おうとしているかなり珍しい博物館だ。こんな博物館を作ってしまうところが本当にカナダ人らしいと僕は思う。

そして、ひどい目に合わされたのに日本人も捨てたもんじゃない、という話もしておきたい。戦

6-6：強制移住させられ、甜菜畑で働くアートさん一家（アートさん提供）

後、スティーブストンに戻り、再び工場で働き始めた日本人もいた。既にサーモンの缶詰ではなく、ニシンから油や肥料を作るようになっていた。そこで彼らはある重要な情報を経営者に伝えることになる。ニシンの卵を日本に輸出すれば儲かる、ということを。

カズノコの生産を始めた工場の売り上げは右肩上がりとなり、今や日本が輸入するカズノコはカナダ産がトップだ。

太平洋をはさんで遠く離れたカナダと日本の間には、悲しみと温かさに包まれた数々の物語が存在する。それを知ると突然、目の前にあるものがまったく違って見えてくるはずだ。

まずはスーパーの魚売り場に行って、今度はサーモンだけではなくカズノコもじっくり眺めてみてはいかがだろうか。

COLUMN

マニアックな
カナダ旅

サーモンと泳ぐ

キャンベル・リバー

毎年、カナダの太平洋沿岸に押し寄せるサーモン。仮に彼らと触れ合おうと思っても、その方法は釣りをするか、マーケットで見るか、料理として食べるかぐらいだと思う。しかしブリティッシュ・コロンビア州のキャンベル・リバーでは夏の間、サーモンといっしょに川を泳ぐことができるのだ。

キャンベル・リバーは「サーモン・キャピタル」と呼ばれるほど、昔からサーモンとともに生きてきた町だ。そんな場所で体験できるマニアックなアクティビティこそ「サーモン・シュノーケリング」だ。

ウェットスーツを着込み、ゴーグルにシュノーケルを装着して川の流れに身を委ねる。実は泳ぐというより、何もしなくても川下に向かって流されていく感じだ。顔を下に向けて水中を見ると、ものすごいスピードで遡《さかのぼ》ってくる無数のサーモンとすれ違う。まるで映画『スターウォーズ』さながらの迫力だ。

しかし、サーモンと衝突することは決してないので安心してほしい。彼らが上手に避けてくれる。川を流されていく間抜けな人間と彼らがぶつかるはずなどないのだ。

アクセス

Destiny River Adventures

ブリティッシュ・コロンビア州
キャンベル・リバー
1995 Island Highway, Campbell River

7

カウボーイの謎

毎年7月になると、中西部の都市カルガリーが
カウボーイで溢れかえる。彼らのパフォーマンスを
見るために、世界中から100万人もが
この街に集まってくる。なぜだろう。

THE MYSTERY OF CANADA

7

THE MYSTERY OF CANADA

なぜカナダのカルガリーはカウボーイで溢れているのか？

カナダの街がカウボーイで溢《あふ》れていると言われてもピンとこないのは当然だ。アメリカの方がカウボーイのイメージが強いし、普通はカウボーイ・イコール・カナダとは考えない。しかしアルバータ州の中心都市カルガリーは、世界最大のカウボーイの祭典「カルガリー・スタンピード」が開催されるカウ・タウンなのだ。

毎年7月、10日間に渡って開かれるこのイベントには世界中のカウボーイと1000頭の馬が集結し、来場者は100万人を数える。「スタンピード」とは家畜などの群れの暴走のこと。賞金総額200万ドルという超リッチなロデオ競技が行われるなど、文字通り暴走ぎみの大イベントなのだ（**写真7-1**）。

カルガリーではカウボーイ・スタイルの人が街を闊歩《かっぽ》し、近郊の丘では放牧された牛たちが草を食《は》んでいる。バックに広がるのは雄大なカナディアンロッキーの山々だ。

丘にはかつて、野生のバッファローが暮らしていた。北米大陸でずっと生きてきたバッファローが選んだ丘だからこそ牛にとっても最適だし、カウボーイたちはここカルガリーにやって来た。

　カルガリーがカウ・タウンとなり、バッファローの丘が牧場になった。その背景にある人々の営みに触れることができたら、と思いながらこの章を始めたいと思う。

◆カウボーイのブーツには紐がない

　いきなりブーツの紐《ひも》の話か、と怪訝《けげん》に思うかもしれない。しかし、まずはカウボーイとは何なのかを知っておいてほしいのだ。「カウボーイ」という言葉が意味しているもの、それは「牛追い」だ。

　牧場で育てられた牛の群れを何週間もかけて移動させ、鉄道駅などで「納品」する。列車で都会に運ばれた牛は「肉」となって消費されることになる。つまり牛は高値で売られる預かり物であって、牛追いはその運搬業者なのだ。

　だから牛がはぐれたり、悪党どもに奪われたりしないよう周囲を馬で走り回る。それがカウボーイ＝牛追いの仕事だ。

　ちなみにアメリカ大陸にはもともと牛はいなかった。ローマ教皇が示した子午線の西を切り取ってよし、とされたスペインが、植民地としたアメリカ大

北米大陸でずっと生きてきたバッファローが選んだ丘だからこそ牛にとっても最適だし、カウボーイたちはここカルガリーにやって来た。

陸に牛を持ち込み、それがやがて野性化したのだという。

こうした牛をメキシコの牧場に集め、育てて売りに出す。その時に運搬業者として登場するのがカウボーイなのだ。

彼らが牛の群れとともに移動を続ける旅を「ロング・ドライブ」と言う。この旅は常に危険と隣り合わせで、無事に牛を送り届けられれば高い報酬を得られるが、途中で牛を奪われたり、まさに「スタンピード」、暴走して牛がいなくなったりしてしまえば大損失となる。

こうした牛追いに対し、カルガリー近郊に牧場を持ち、丘で牛を育てている人は牧場経営者であって正確にはカウボーイではない。しかし、「いわゆる」という意味で便宜的にカウボーイと呼んだり、カウボーイ・スタイルと言ったりする。

さあ、そしてブーツの紐の話だ。「ウエスタンブーツ」と呼ばれるカウボーイのブーツには紐がない。なぜなら、これは馬に乗るに当たっての〝安全装置〟だからだ。

馬上でバランスを崩すと最悪の場合、体が傾いて落馬することになる。そんな時は鐙《あぶみ》の中にあるブーツから足がスポっと抜けて体は地面に落ち、馬は遠く走り去っていくことが肝心なのだ。

しかし、仮に紐で縛《しば》り上げていたらブーツは脱げず、片足が鐙に引っかかったまま馬に引きずられて大怪我をしてしまう。万が一の時に脱げやすくするためにウエスタンブーツには紐がないのだ（**写真7-2**）。

7-1:カルガリー・スタンピードでのロデオ競技

また、鐙にしっかりブーツが掛かるようウエスタンブーツのヒールは高く、また土踏まずの内部には鉄製の板が入っている。強く踏みしめても重さが足全体に分散されるため、足を傷めないという工夫だ。単にウエスタンブーツと言ってもなかなか奥が深いのだ。

◆フェンスができる前と後

ブーツの話を切り出したのは、別に僕が「こぼれ話」が大好きだからという理由だけからではない。実はブーツの形状によって、カウボーイの仕事の変遷が理解できるのだ。

乗馬に適したブーツとは別に、ヒールが広くて低いウエスタンブーツがある。歩きやすく、牧場で牛の世話をするのに適したブーツだ。もちろん紐はない。

つらく危険なロング・ドライブはいつしか過去のものとなり、カルガリー近郊の丘には木のフェンスで仕切られた牧場が広がっていった（**写真7-3**）。その中にいるのは牧場の経営者であり、牧場で働く「元カウボーイ」たちだ。

もちろん馬には乗るものの、もうロング・ドライブはしない。牛舎でのエサやりなど馬に乗らない仕事も増え、違う形状のヒールを持つブーツが必要になったのだ。

カウボーイつながりでちょっと脱線すると、ジーンズの内側と外側、どちらに縫い目があるかはメーカーによって違う。そして、馬に長時間乗るカウボーイは、内側に縫い目があるジーンズを好

7-2

7-3

7-2:紐で結ぶことのないウエスタンブーツ
7-3:カナディアンロッキーと牧場のフェンス

まない。擦れて腿の内側が痛くなってしまうからだ。

それはさておき、ロング・ドライブを続けていたカウボーイはいつしか牧場経営者になったり、住み込みで牧場で働いたりするようになった。カルガリー近郊にそんな牧場が増えたのは、カナダ政府の政策によるところが大きい（**写真7‐4**）。

カナダの中央部、プレーリーと呼ばれる平原にはたくさんのバッファローがいた。しかしカルガリーの丘をはじめ、いつしかバッファローは消え、バッファローを生活の糧《かて》としていた先住民や、白人と先住民の間に生まれたメイティたちも、暮らす場所を変えることになった。

カナダ政府は、バッファローが消えた丘で放牧をする場合、賃料を安くするという措置を講じ、牧場経営の希望者を誘致した。では、バッファローはなぜ消えてしまったのだろうか。

◆誰も悪くないという話

バッファローについて説明するためには少し回り道が必要だ。僕は「カヌーの謎」の章で、鎖国下にあった日本に密入国を試みたラナルド・マクドナルドというメイティの話をしている。

彼がハドソンベイの幹部社員の子弟として送り込まれた学校があったのがレッド・リバー植民地。今のマニトバ州の州都ウィニペグだ。

ラナルドの密入国事件は１８４８年のこと。そのおよそ20年後、１８６９年に同じメイティであ

7-4：カルガリー近郊に広がる丘で草を食む牛たち

るルイ・リエルという人物が、仲間を率いてここレッド・リバーで反乱を起こしている。ラナルドは自分がメイティであることに「生きにくさ」を感じていたが、その約20年後、リエルらメイティはさらなる「生きにくさ」を感じていた。

彼らはレッド・リバーに定住し、季節になるとバッファロー・ハントを行っていた。バッファローは彼らにとって大事な生活の糧だったが、そのレッド・リバーにスコットランド人が大挙して移住してきたのだ。

当時、スコットランドでは羊毛を得るために次々と農地がつぶされ、羊の放牧地に変えられていた。土地を失って困窮する農民を救うため、スコットランドのセルカークという貴族が良かれと思って、彼らをカナダのレッド・リバーに入植させたのだ。

「生きにくさ」の中にあったメイティと、土地を奪われて海を渡ったスコットランド移民。どちらも悪くはないのだが、お互いに相容れぬ立場だった。

反乱はいったんは成功したもののすぐに鎮圧され、リエルは逃亡する。レッド・リバーは新たな入植者のものとなり、バッファローやメイティはさらに西へと追いやられていくことになる。

◆メイティと大陸横断鉄道

「ロッキーの謎」の章では、大陸横断鉄道の建設を担ったカナダ太平洋鉄道（CPR）が、工事費

7-5：メイティによる2度の反乱を主導したルイ・リエル

がかさんで破綻寸前になっていたことを紹介している。「スタンドファスト、クレイゲラキー」のあの話だ。

ロッキー山中で最後の犬釘《いぬくぎ》、ラストスパイクが打ち込まれたのは1885年の11月。その同じ年の3月、サスカチュワン州のバトーシェで、リエルは再び政府に対して蜂起する（**写真7-5**）。

レッド・リバー植民地のあるマニトバ州の西がサスカチュワン州、その西がカルガリーのあるアルバータ州だ。この3州は小麦畑が広がるプレーリー3州と呼ばれている。

白人の入植がいよいよ進み、バッファローが激減したため、バッファローに頼って生きていたメイティは、やはり今回も反乱という道を選ばざるを得なかった。

生きる分だけバッファローを捕っていた先住民やメイティに対し、白人たちはハンティング目的にバッファローを撃ち続けていたのだ。

そしてメイティの反乱は、思わぬ形で破綻の危機にあったCPRを救うことになる。こうした反乱に備えるため、すばやく兵士を送り込める鉄道はやはり必要だという意見が強まり、絶望視されていたCPRへの資金援助が実現するのだ。

メイティの反乱軍と政府軍の戦闘はたった4日間で終結し、捕えられた首謀者のリエルは処刑されてしまう。一方で鉄道建設は続けられ、ついにクレイゲラキーでラストスパイクが打ち込まれた。リエルの刑執行はその1週間後のことだった。

◆おいしい水が飲める丘

さて、ルイ・リエルらメイティの反乱は、血なまぐさい話が少ないカナダ史においてはかなり際立った事件であり、この章も少し真面目になりがちだ。だからおいしいアルバータ・ビーフの話をしておきたい。

カルガリー近郊の丘で育てられた牛はアルバータ・ビーフとしてカナダを代表する味覚となっている。霜降り肉などとは違い、しっかりした赤身の肉らしい肉だ。

このあたりの丘には冬になると「チヌーク」と呼ばれる局地風が吹き込んでくる。カナディアンロッキーから吹き降ろしてくるこの風は暖かくて乾燥しているため、積もった雪を溶かしてくれる。だからこの風は「スノー・イーター＝雪を食べる風」とも呼ばれている。

冬でもチヌークが雪を溶かしてくれることで、バッファローは雪の下に隠されていた草を口にすることができる。加えて、降水量が豊富で小川もたくさんある。だからここはずっとバッファローの越冬地であり、バッファローが消えた後はおいしいアルバータ・ビーフを生み出してくれる丘となった。

そんな丘に「バー・ユー・ランチ（Bar U Ranch）」がある。1881年から1950年まで約70年間にわたり、ここで実際に大規模な牧場経営が行われていた。今はアルバータ州南部での牧場経営や開拓の歴史を伝える史跡として政府機関が管理している。

Barは「—」、棒のことで、その下にアルファベットの「U」がある。このマークが焼印として牛に刻みつけられ、牧場による牛の品質保証となっていた。

ここにはフェンスの中に入ったたくさんの「元カウボーイ」のほかに、料理人として雇われた中国人もいた。クレイゲラキーでラストスパイクが打ち込まれた大陸横断鉄道は1887年、ついに太平洋岸のバンクーバーまで開通し、完成の時を迎えた。このことは、鉄道建設に携わっていた多くの中国人が仕事を失うことを意味していた。

彼らは新たな職を求めて「バー・ユー・ランチ」のような牧場にやってきて、料理人として働き始めたという。だから「バー・ユー・ランチ」の食堂には、中華料理特有の回転式の円卓が採用されている（**写真7-6**）。

牛を追っていた人も、鉄道建設に携わっていた人も、チヌークの吹く丘で新しい生活を始めることになった。おかげで僕らは今、絶品のアルバータ・ビーフを楽しむことができる。

ここではトウモロコシで牛を太らせるのではなく、本来、牛が食べるべき牧草で育てている（**写真7-7**）。チヌークが溶かした雪の下の草を食べていた、あのバッファローたちと同じように。

おいしい水がわく丘で、本来食べるべき草を食べて育つ牛たち。

この幸せな光景の後ろ側には、カウボーイやメイティ、スコットランド移民に中国人労働者ら、カナダの歴史を作りあげてきた人々の営みがある。そんな歴史に思いを馳せながらアルバータ・ビーフを味わってほしいと思っている。

7-6

7-7

7-6:「バー・ユー・ランチ」にある中華料理の円卓
7-7:干し草ロールが並ぶ牧場の風景

COLUMN

マニアックなカナダ旅

リアル・カウボーイに会える!

ランチマンズ

カルガリーで本物のカウボーイに会いたいなら、地元の人たちでにぎわう「ランチマンズ」に行けばいい。場所はダウンタウンから南に少し向かった辺り。牧場のような建物と、蹄鉄《ていてつ》をかたどった「R」のマークが目印だ。

中に入ると店のスタッフはもちろんのこと、飲みに来ている多くの人がカウボーイ・スタイル。「ランチマンズ」の名の通り、ここは牧場経営者やそこで働く人たちが集う店なのだ。みんなベルトには存在感たっぷりの大きなバックルが付いていて、足元はもちろんウエスタンブーツ。頭の上にはごく自然にカウボーイハットを乗せている。

この店の特徴は、若い人だけではなく、大人の雰囲気を漂わせたカウボーイ、カウガールがたくさん集まって、夜のひとときを過ごしていることだ。広い店内を見渡すと、ゆっくりグラスを傾ける人、ステージの生演奏に合わせてダンスを楽しむ人、乗る人を強烈に振り回すロデオマシーンに挑戦する人、などなど。

この店はロデオ大会の博物館にもなっており、視線を上げると歴代の優勝者が使ったサドル（鞍）などの馬具も展示されている。

アクセス

Ranchman's Cookhouse and Dancehall

アルバータ州 カルガリー

9615 Macleod Trail SE. Calgary

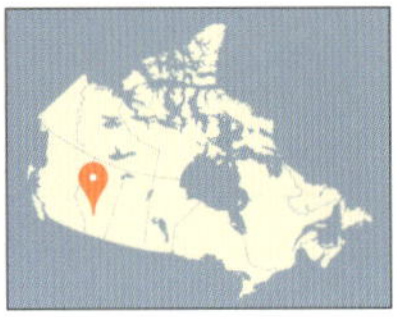

8

小麦畑の謎

カナダ中央部には、どこまで行っても続く
小麦畑が果てしなく広がっている。
もともとは森林地帯だった場所を切り開いて、
世界屈指の穀倉地帯を生み出したのだ。なぜだろう。

THE MYSTERY OF CANADA

8

THE MYSTERY OF CANADA

なぜカナダの大平原は見渡す限り小麦畑なのか?

カナダ中央部マニトバ州で、僕は約40時間の鉄道の旅を経験したことがある。朝、目覚めると、外には小麦畑と黄色い菜種の畑がどこまでも広がっていた。広大な景色を前に僕はこの上ないワクワク感に包まれたが、徐々にそれは「退屈」へと変わっていった。どうして同じ光景が夕方まで延々と続くのだろうか。

マニトバ州の西がサスカチュワン州、その西がアルバータ州。プレーリー3州と呼ばれ、小麦のほかキャノーラ油の原料となる菜種が栽培されている。

ここの畑はとにかく広い(**写真8-1**)。そのスケール感は日本では絶対に味わえない。はるか彼方に地平線があって、その上の低いところにぽっかり浮かんだ雲が空を渡っていく。すごい、すごいと思いつつ、居眠りして起きたらさっきと同じ景色、といった具合だ。

この光景はもともとあったものではない。誰かが木を切り倒し、土を耕し、種を蒔《ま》いた結果だ。退屈を感じるぐらい広大な大地は、人の手によって開拓されたのだ。

カナダの大地を誰が拓《ひら》いたのか。それを知れば、どうしてカナダ人がカナダを大好きなのかが分かってもらえるはずだ。

◆ウクライナではないガリツィア

アルバータ州の州都エドモントンで、僕はレイさんという小麦農家を取材させてもらったことがある。今はレイさんの息子さんを中心に農業を営む、4代続くウクライナ系移民のご家族だ（**写真8-2**）。

レイさんの祖父母がカナダにやって来たのは1898年。ただしウクライナではなく、オーストリアからだ。入国時の書類を見せてもらうと確かにオーストリアと書かれている。次にあった文字は「Galicia」という地名だ。

この光景はもともとあったものではない。誰かが木を切り倒し、土を耕し、種を蒔《ま》いた結果だ。

Galicia＝ガリツィアとはウクライナ西部にあって、常に他国との紛争に巻き込まれてきた地方だ。

レイさんの祖父母がカナダにやって来た頃、故郷のガリツィアはウクライナではなく、「オーストリア＝ハンガリー帝国」の支配下にあった。

この帝国について説明すると、1914年に始まる第一次世界大戦の引き金となったサラエボ事件とは、オーストリア＝ハンガリー帝国の皇太子が訪問先のサラエボで暗殺された事件だった。まだ侵略とか戦争が当然のように繰り返されていた時代なのだ。

他国の支配下に置かれていたガリツィアのウクライナ人。カナダを目指して海を渡る決意をした背景には、やはり故郷での「生きにくさ」があったのだろう。

レイさんの祖父母のようにプレーリーにやってきた移民には、カナダ政府から東京ドーム約14個分の土地が無償で提供された。ただし「無償」の条件は、3年のうち6カ月間はその土地で暮らし、やはり3年のうちに決められた面積の開墾を終えて家を建てるというものだった。

その意味するところは、ちゃんと定住してちゃんと開墾しろ、ということ。カナダ政府がこうした政策を推し進めたのは、当時のプレーリーが人の住まない空っぽの土地だったからだ。

プレーリー3州と言っても、もともとあったのはマニトバ州だけで、人が移り住み、土地が開墾されるに従ってサスカチュワン州とアルバータ州ができた。

ヨーロッパの港を出発した移民たちは10日ほどの船旅を経てケベックシティやモントリオールに到着し、そこから鉄道に乗り換えてマニトバ州のウィニペグに入った。この列車は分かりやすく「移民列車」と呼ばれていた。

カナディアンロッキーを貫く線路が建設され、モントリオールを出発した列車がはじめてバン

8-1:プレーリーに広がる小麦畑

8-2:ウクライナ系移民の3代目、レイさんご夫妻。息子さんまで4代続く小麦農家だクーバーに到着したのは、レイさんの祖父母がカナダにやって来るおよそ10年前、1887年のことだ。

大陸横断鉄道は、アメリカの北側を1つの国家にまとめ上げるツールであると同時に、ヨーロッパからの移民を西のプレーリーへと送り込む手段として使われた。次にこの鉄道は、移民が育てた小麦を満載して東へと向かい始める。小麦は船でイギリスに運ばれ、カナダのプレーリーは「大英帝国の穀倉」と呼ばれるようになっていく。

さて、この本も8章まできているので、ちょっと「まとめ」をしておきたい。カナダの主要産業は、帆船時代の航海を支えたコッド（タラ）に始まり、高級帽子の材料となるビーバーの毛皮となり、プレーリーの小麦へと変遷していく。

小麦の生産を担ったのはウクライナ人をはじめ、祖国を離れてカナダという「新天地」にやってきたヨーロッパ各国からの移民だった。

◆誇大な広告

たった今「新天地」と書いたが、僕は若干の違和感を持ちながらこの言葉を使っている。だからここで、是非とも見てもらいたいものがあるのだ。

カナダ政府は1896年、つまりレイさんの祖父母がやってくる少し前から、空っぽのプレーリー

8-3：移民募集に使われたポスター

を開拓してくれる移民を集めようと、大々的な宣伝活動を展開していた。

ヨーロッパの各都市に宣伝カーを走らせ、新聞に広告を掲載し、ポスターを貼りまくった。見てもらいたいと言ったのは、その際に作られたポスターだ。

それにしても、よくもまあ、こんなものを作ったものだとあきれてしまう。ポスターに描かれた絵には、既に整備された畑が広がり、牧場があり、洒落《しゃれ》たマイホームまである。近くには列車も走っている（**写真8－3**）。

並べられたセリフは、「これがあなたのものに」とか、「カナダに自分の巣を作ろう」とか、そんな美辞麗句《びじれいく》ばかりだ。レイさんの祖父母もどこかでこうしたポスターを見たのだろうか。

しかし実際の「新天地」は何もない空っぽのプレーリー。だからこそカナダ政府は移民を欲したのだ。

もちろん、世の中そんなものだと言えないこともない。日本からブラジルやペルーに渡った移民も、耕作に適さない荒地を前に「話が違う」「こんなはずじゃなかった」と憤ったと聞いた。

とんでもない誇大広告であることに間違いないが、とにかくカナダ政府はなりふり構わずヨーロッパで移民をかき集めた。その結果、カナダを構成する民族は大きく変化していくことになる。

さきほどコッド、ビーバー、小麦とカナダの主力産業の推移をまとめたが、ここではカナダの移民の流れを整理しておきたい。

8-4：入植当時の貧しいウクライナ移民

多数派は、スコットランドやアイルランドを含むイギリス系移民だった。もちろんその前から、戦争でイギリスに負けたフランス系の人々や先住民もいる。また、独立戦争などを契機に、イギリスにシンパシーを感じる人たちがアメリカから流入したりもした。

それがプレーリーの開拓という局面を迎え、誇大なPR活動の結果、ウクライナやドイツ、ロシア、イタリアなどから移民がやってきた。

ちょうどその頃、カナディアンロッキーの向こう側、ブリティッシュ・コロンビア州には日本人や中国人、インド人などのアジア系移民も押し寄せていた。

なにしろ大陸横断鉄道の完成に合わせて香港—横浜—バンクーバーを結ぶ定期航路が開

設されたのだ。このあたりからカナダはさまざまな民族がひしめき合う多民族国家となっていく。

◆踊りを受け継ぐ

さまざまな国の人々が暮らし始めたカナダの中で、プレーリーではその数の多さもあってウクライナ系移民が大きな存在感を持つようになる（**写真8-4**）。彼らは根っからの屈強な農民と見られていて、カナダ政府も極寒の大地を耕すのにはもってこいの存在と考えたようだ。

加えて、ガリツィアに代表されるような祖国での厳しい状況もあり、多くのウクライナ人がプレーリーにやってきた。考えてみると、今でもウクライナは紛争の真っただ中にある。

とにかく100年ほど前にウクライナの人々が開墾を始め、空っぽのプレーリーを豊かな小麦と菜種の畑に変身させた（**写真8-5**）。それはもう、退屈するぐらい広大な畑だ。

そんなウクライナ系の人たちは、カナダ人であると同時に、自分たちの文化を大切に守り続けている。その1つの例が、母国の伝統的なダンスだ。コサックダンスの一種と言っていいと思う。

エドモントンのウクライナ系カナダ人のコミュニティには、祖国のダンスを受け継ぐグループが7つもある。

僕が取材したのはそのうちの1つで「SHUMKA（シュムカ）」というグループだ。

「シュムカ」とは、ウクライナ語で「旋回する風」を意味している。練習を見せてもらったが、確

8-5：キャノーラ油の原料となる黄色い菜種の畑

かにその踊りは旋回する風そのものだった。男性ダンサーは高く飛び上がり、床に片手をついて体全体を浮かせたり、バック転を繰り返したり。女性ダンサーたちも高く、素早く、そして美しく、風のように回り続けていた。

このグループには16歳から30代前半までのダンサーが所属し、平日の夜3回、午後7時から10時半までと、日曜日の午前11時から夜まで、スタジオに集まって練習を重ねている。時には海外に遠征して公演も行っているそうだ。

これほど厳しく長時間の練習を重ねているにもかかわらず、彼らはプロのダンサーではない。学生だったり、看護師や学校の先生といった仕事をしながら踊りを続けている。つまり、ウクライナの伝統を身に付け、受け継ぎ、守るために踊りを続けているのだ（**写真8-6**）。

しかも入団前の3歳から15歳までの子どもたちは将来の「シュムカ」のダンサーを目指し、別のスタジオで練習を積んでいる。16歳を迎えた時、オーディションを受けて「シュムカ」に加われるかどうかが決まるのだ。

伝統の踊りはそもそも、村ごとにあるフォークダンスのようなもので、少しずつ違いがあったそうだ。それがウクライナのいろいろな地方の人がエドモントンにやって来たことで、それぞれの特徴が融合しあい、踊りはカナダで独自の進化を遂げたそうだ。

小さな子どもの頃からダンスを通し、コミュニティの一員として成長していく。さて、そこで日

8-6:ウクライナ伝統の踊りを継承する若者たち

本人だ。僕らは日本文化について何かを身につけたり、継承したりしているかと考えると、少々恥ずかしくなってしまう。

◆カナダ人としてカナダで生きる

最後に、話の舞台を4代続く小麦農家、レイさんのお宅に戻したい。ここでは復活祭の「イースター・エッグ」をたくさん見せてもらった。蝋纈《ろうけつ》染めで装飾されたウクライナ伝統の卵細工で、「ピサンカ」と呼ばれている。

またクリスマスには普通、七面鳥を食べるが、ウクライナではクリスマスイブに肉を食べることは禁じられている。だからイブには魚を食べ、翌日のクリスマスになってようやく七面鳥を食べるそうだ。

レイさんと息子さんは僕に、今、小麦畑で活躍している巨大なトラクターなどを見せてくれた。その誇らしげな顔は、4代かけてここまでたどり着いたという自負のようにも見えた。

ところで、レイさんの祖父母は、はじめてここにやってきた時、あのポスターとの落差に騙されたとは思わなかったのだろうか。レイさんの答えはこうだ。

「少なくとも帰国することは考えなかっただろう。こんなひどい、ということではなかったと思うよ」。

仮に騙されたと思ったにしても、その苦難を4代かけて乗り越えたからこそ、こんな答えができるのだろう。

取材を終えた僕に、彼らはデパートの袋いっぱいのお土産をくれた。中に入っていたのは「CANADA」と書かれた真っ赤なキャップやストラップ、カナダの地図をかたどったキーホルダー。カナダの国旗まで入っていた。とにかくカナダ、カナダ、カナダ。

彼らにはプレーリーを耕し、カナダという国を成長させたのは自分たち一家だ、カナダに貢献してきたのだという自負があるように思う。だから彼らは自分たちの国・カナダが大好きなのだ。

そうでなければカナダ尽くしのお土産など渡すはずがない。それにしても僕にカナダ国旗を持ち帰らせて、一体どうしろっていうのだろうか。

COLUMN

マニアックな
カナダ旅

開拓時代にタイムスリップ

ウクライナ文化遺産村

アルバータ州エドモントンにある「ウクライナ文化遺産村」では、カナダの広大なプレーリーを開拓してきたウクライナ系移民の歴史をその目で見ることができる。「その目で」などと大げさな表現を使うのには訳がある。ここでは本物のタイムスリップを体験できるのだ。

初期の入植者の小屋を訪ねると、中からウクライナ人女性が出てきてウクライナ語を話す。何を言っているのかはさっぱり分からない。大西洋を渡ってカナダに来たばかりで、英語をしゃべれるはずなどないのだ。彼女はこの施設で、ひと部屋だけの草ぶき屋根の粗末な小屋で暮らし、小麦の畑で鍬《くわ》を振るう。丸一日、ここで本当に生活している彼女のもとに見学者がやって来るという設定なのだ。だから何を言ってもウクライナ語しか返ってこない。

順路に従ってパーク内を歩くと時代が進んでいき、家は立派になり、蒸気機関車がやって来て町が賑やかになり、いつの間にかみんな英語を話すようになっている。

ウクライナ移民の歴史を見るだけではなく、ここではその歴史を体感してもらいたい。

アクセス

Ukrainian Cultural Heritage Village
アルバータ州　エドモントン
Hwy 16 E, Tofield
エドモントンから車でハイウェイ16を東に25分

9

アイスロードの謎

ノースウエスト準州の州都イエローナイフは、
オーロラがよく見える場所として有名だ。
このあたりでは氷点下の冬になると、
凍った湖の上を車が走り始める。なぜだろう。

THE MYSTERY OF CANADA

9

THE MYSTERY OF CANADA

なぜカナダでは湖の上を車が走るのか？

カナダの北部、ノースウエスト準州にオーロラ鑑賞の拠点として知られるイエローナイフという街がある。このあたりでは氷点下の冬になると、凍った湖の上を車が走り始める（**写真9－1**）。そんなことをしていいのか、氷が割れたらどうするんだ、と誰もが思うはずだ。

実は氷上の道路はアイスロードと呼ばれていて、準州政府が設置するれっきとした道路だ。日本の道路交通法に当たるような法律もちゃんと適用される。

極北の地では川や湖沼が多く、地盤も緩いため、イエローナイフと遠く離れた集落との間に道路を建設することは難しい。このため日常生活に必要な物資は普段、飛行機で輸送している。言わば「陸の孤島」なのだ。

ところが冬になって湖を突っ切るアイスロードが出現すると俄然《がぜん》便利になる。みんな待ってましたとばかりにピックアップトラックでイエローナイフに繰り出し、家具を買ったり食料を買いだめしたり、レストランで食事をしたりする。

極寒の地にはアイスロードのような意外な知恵が満ち溢れている。カナダの人たちがどんな知恵を絞って生きてきたのか、その健気《けなげ》な営みを紹介したいと思う。

◆氷の上を走れるわけ

イエローナイフはかつてゴールドラッシュが起き、一攫千金《いっかくせんきん》を夢見た人たちが押し寄せてできた街だ。今は世界有数のダイヤモンドの産出地として知られている。

オーロラ鑑賞でここを訪れたという人もいるかもしれない。ほかに観光としては犬ぞりの体験などもできる。そんな場所だから当然、恐ろしく寒い。

2月のイエローナイフの最低気温はマイナス30度ほど。最高気温もマイナス10度ほどにしかならない。屋外に出るとすぐに鼻の中が凍りつき、帽子からはみ出た髪の毛も真っ白になる。上下のまつげは凍ってくっついてしまい、知らないうちに視界が狭くなっていたりもする。

実は氷上の道路はアイスロードと呼ばれていて、準州政府が設置するれっきとした道路だ。

街中の駐車場には電気のコンセントのようなものが設置されていて、駐車時には常に車に電気を流し続けておく必要がある。こうしないとエンジンが冷え切って車が動かなくなってしまうのだ。

ちょっと脱線するけれど、オーロラ鑑賞では日本で売っているような防寒着はまったく役に立たない。ダウンジャケット、手袋、ブーツと、まるで宇宙服のようなごつい防寒着セットを現地でレンタルすることになる。

ちなみに、こうした防寒着として登場するのが日本でも見かけるようになった「カナダ・グース」というダウンだ。僕はカナダではじめて見た時からすごく気に入っているのだが、買って帰っても日本では暖かすぎて大汗をかくなぁと、躊躇《ちゅうちょ》してきた。今、日本で見るのはダウンの量が少ない「カナダ・グース」なのだろうか。

さて、こんな極寒の地に1月から3月までの3カ月間だけ登場するのがアイスロードだ。とは言っても、日本人には理解しがたいと思う。そこでこんな写真を用意してみた。カーナビ上では車は湖の底を走っている（**写真9－2**）。アイスロードとは、つまりこういうことなのだ。

とはいえ、気になるのは安全性だ。準州政府の担当者に危険性はないのか聞いてみると、即座に「NO！（大丈夫！）」と言われた。アイスロードは蓄積したデータなどをもとに安全な箇所を定め、毎年ほぼ同じルートで作られる。とは言っても氷の厚さはいつも同じではない。だからアイスロードの建設は、まず特殊な重機で湖面の雪を取り除いた後、氷に穴をあけて厚さを測るところから始まる。

十分な厚さが確認できたところで重機を移動して除雪し、また氷の厚さを計測する。こんな単純

9-1

9-2

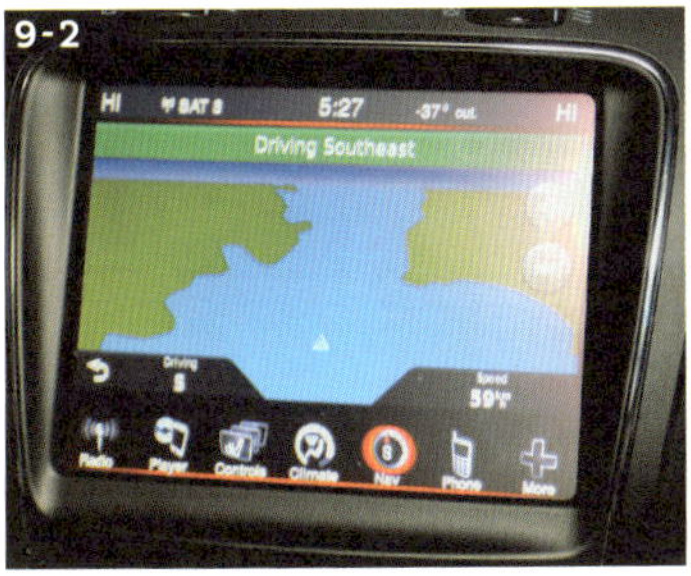

9-1：凍った湖の上に作られるアイスロードを車が行き交う
9-2：カーナビでは、車は湖底を走っていることになる
9-3：近くで見るアイスロードには「ひび」が入っているが、強度に問題はないという

作業を500メートルごとに繰り返し、氷の道路を延ばしていくのだ。

開通後も安全性には細心の注意を払っていて、氷の厚さを常に測定し、状態に応じて通行できる車両の重さや速度を制限する。割れ目が発見されれば氷に穴をあけて水を汲み上げ、凍らせることでアイスロードを補強したりもする（**写真9－3**）。

もっとも、インターネットで検索すると、凍った湖に半分水没したトラックの写真が出てきたりするのだが、これは重量オーバーなどの違反車両だとのこと。そんな場合は苦労して作ったアイスロードはルート変更を余儀なくされるから、重量やスピードの違反はことのほか厳しく罰せられるのだ。

◆腕利きのパイロット

極北の地にはアイスロードに負けないぐらいユニークな移動・輸送手段がある。ブッシュ・プレインという。19世紀にゴールドラッシュが起きた時、イエローナイフには飛行機が離発着できる滑走路がなかった。そこで活躍したのが、ブッシュ・プレインであり、腕利きの操縦士ブッシュ・パイロットだ。

「ブッシュ（未開発地）」の名の通り、怖いもの知らずのパイロットたちは、夏は飛行機にフロートを、冬にはスキーを取り付け、湖面や雪原を使って見事に離発着してみせた（**写真9－4**）。

運んだのは一攫千金を夢見る男たちや、彼らが極寒の地で生き抜くための物資だ。

このあたりには、「農家で生まれた子どもはトラクターで育つ。鉱山で生まれた子どもはブッシュ・プレインで育つ」という言い方があるそうだ。かつてイエローナイフの鉱山で働く人々の移動手段は、夏はカヌー、冬は犬ぞり、遠くに行く時はブッシュ・プレインだったそうだ。

そんな環境の中から、腕自慢のブッシュ・パイロットが生み出される。そしてフライトはいつも危険と隣り合わせだった。

彼らの間には「飛行機が壊れても絆創膏《ばんそうこう》とチューインガムがあれば何とかなる」というジョークがある。たった1人で極北の空を飛ぶのだ。トラブルがあっても自分で何とかするしかない、そんな覚悟がこもったジョークなのだろう。

もちろん今はGPSなどがあって飛行もしやすくなったが、ベテランパイロットに言わせると、かつては星や月を見て自分がどこにいるかを把握し、天候を読んで航路を定めたそうだ。昔の船乗りが潮や鳥を見ていたのと同じだ。

そんなブッシュ・プレインが今、担っているのが「メディバック（medevac）」という〝空飛ぶ救急車〟の役割だ。「陸の孤島」のような集落には、看護師がいる施設はあるものの医師は常駐していない。病人や怪我人が出たら、とにかくイエローナイフの病院に急いで搬送するより手がないのだ。

このため準州政府がすべての経費を負担し、ブッシュ・プレインを運航する民間会社に病人などの救急搬送を委託している。それがメディバックだ。

飛行機の中には患者を寝かせるベッドがあり、酸素ボンベも備えられている。あとは患者の怪我の状態や容態を踏まえ、同乗する医師の判断に従って積み込むものを決めていく。

驚かされるのは、メディバックでは出動要請から45分以内に飛び立つという決まりが課せられていること。〝空飛ぶ救急車〟なのだから当たり前とも言えるが、氷点下30度の真夜中でも45分以内に飛行機を離陸させなければならない。

極北で暮らす人々の暮らしや命を守るため、ブッシュ・パイロットは今も昔も危険なフライトを続けているのだ。

◆伝説の雪上車

イエローナイフの街を抱くように広がるグレート・スレーブ湖の凍った湖面を、雪を舞い上げながら爆走する乗り物がある。伝説の雪上車、ボンバルディアB12だ（**写真9-5**）。

ボンバルディア社製のこの雪上車は1940年代に生産された。そもそも病人や郵便物を運んだり、子どもたちを学校に送迎したりするのに使われていた。

さて、そのボンバルディア社は、世界第3位の航空機メーカーであり、鉄道車両なども製造する

9-4:スキーをはいて雪原に着陸したブッシュ・プレイン

カナダを代表する企業だ。しかしこの会社はかつてスノーモービルを製造していた。さらに言うなら、スノーモービルが誕生する前は雪上車を作っていた。

もうちょっと「そもそも」を説明すると、ボンバルディア社の創業者であるジョセフ＝アルマンド・ボンバルディア氏が、小さな工場から生み出した1台のスノーモービルこそ、世界企業ボンバルディア社の始まりなのだ。

最初のスノーモービルの名前は「ボンバルディアB7」という。1937年に製造された。これを発展させる形で登場したのが「ボンバルディアB12」だ。どちらもワゴン車の前輪をスキーに、後輪を無限軌道に取り替えたような構造になっている。

なぜボンバルディア氏は雪の上を走る自動車を作ったのか。理由は極めて簡単。その昔、冬は普通の自動車では移動することができなかったからだ。

車が使えないから病気になっても病院に行けない、病人がいても医者は駆けつけることができない。現代に生きる我々は、道路網が張り巡らされていて雨でも雪でも移動ができる。それが当たり前だと思い込んでいる。

しかし、道路や移動手段がなかった時代はほんの少し前まで確実にあったのだ。実はボンバルディア氏は冬のカナダで、病院に連れて行く手段がないというだけで2歳のわが子を腹膜炎で亡くしている。それが雪上車を生み出す原動力になった。

9-5：伝説の雪上車、ボンバルディアB12

そんなふうに人々の生活を支えていた雪上車にも転機が訪れる。道路整備が進み、厳冬期でも自動車での移動が可能になると、自動車の代わりを務めていた雪上車の役割は失われていった。

やがてボンバルディア社の雪上車事業は、小型化したスノーモービルへと軸足を移していく。スノーモービルは短距離の移動や物資の運搬、そしてレジャーとして楽しむ乗り物へと変化していった。

さて、スノーモービルについて少し知識のある人は、「ski-doo（スキー・ドゥー）」という言葉を聞いたことがあるかもしれない。スノーモービル全体を指す代名詞のようにもなっている「ski-doo」は、実はボンバルディア社によって世に送り出されたものだ。

ただし、本当は「doo」ではなく「dog＝ドッグ・犬」だった。それをなぜか「g」を「o」に取り違え、「ski-doo」になってしまったのだという。こうなってしまうと僕も、「dog」より「doo」でよかったような気がする。

のちにボンバルディア社はスノーモービルの製造部門を手放しているので、もうスノーモービルは作っていない。にもかかわらず、間違って世に送り出した「ski-doo」は、まるで解き放たれた犬のように世界中の雪原を走り回っているのだ。

◆新しい役割

僕はボンバルディアB12を伝説の雪上車であり、今も凍ったグレート・スレーブ湖を爆走していると書いた。70年以上を経てまだ現役なのだから、伝説と言っても構わないだろう。

もうずいぶん前に、病人や子どもたちを乗せる役割を終えた雪上車は今、アイスフィッシングになくてはならない存在となっている。もともとは先住民が生み出した漁法だ。凍った湖面に2カ所穴をあけ、その間に網を渡しておくと魚が勝手にひっかかるという仕組みだ。

整備されたアイスロードではなく、ただ凍っただけのデコボコの湖面を走るには雪上車が最適だ。ただし、実際に乗った経験から言わせてもらえば、車内ではシートの上でボンボンと跳ね続けることになる。

9-6：アイス・フィッシングで引き上げられた魚はすぐに凍り始める

引き上げられた魚は急速冷凍されていくが、凍ってしまう前に頭を落とし、内臓を取り除く必要がある（**写真9-6**）。そうしないと魚が傷んでしまう。だからこそ、車内をヒーターで温められるボンバルディアB12が大活躍する。魚をちょうどいい具合の「冷蔵状態」に保てるのだ。

日本でも寒冷地では、凍らせてはいけないものを冷蔵庫に入れたりする。あれと同じだ。そしてこれがスノーモービルではできない芸当なのは言うまでもない。

雪上車は今も現役バリバリだし、「ski-doo」は世界中を走り回っている。極北のカナダで生み出された知恵がいかにすごいか、カナダ好きの僕としては、なんとも誇らしく思えてきたりするのだ。

COLUMN

マニアックなカナダ旅

本物のオーロラの色を知る

ブラッチフォード・レイク・ロッジ

ノースウエスト準州の州都、イエローナイフ。冬ともなれば大勢の観光客が夜空に輝くオーロラを見にやって来る。しかし、誰にも邪魔されず、しかも本当のオーロラの色を見るなら、ここからさらに100キロほど離れた「ブラッチフォード・レイク・ロッジ」をお勧めしたい。その名の通り、湖畔に一軒だけぽつんと立つロッジだ。

ここへの移動手段はもちろんブッシュ・プレインのみ。なにしろこの本で紹介したくて住所を問い合わせたところ、大真面目に緯度と経度を教えられた。そんなところだ。周囲には何もないから、オーロラに街の灯りが混ざり込むことがない。だからここでは本当の神秘の光とはどんな色なのかを自分の眼で確かめることができるのだ。

宿泊客は、自分の好きな時間に凍った湖面に降り立ち、好きなだけオーロラの出現を待ち、満足したらベッドに潜り込めばいい。

運がよければ夜空のすべてがオーロラの光に包まれる「ブレイクアップ＝オーロラ大爆発」に出会えるかもしれない。何の音も光もない本当の暗闇の中で、静かに、時間に縛られずに極北の空と向き合う。神秘の光と出会うのにこれ以上の場所はないはずだ。

アクセス

BLACHFORD LAKE LODGE

62.1654° N, 112.6832° W

（北緯62.1654度　西経112.6832度）

ブラッチフォード湖の北岸。アクセスはイエローナイフからブッシュ・プレイン。

10

ワインの謎

世界的に評価が急上昇しているカナダのワイン。
しかし日本のリカーショップでは売っていないし、
レストランのメニューにもないため
飲む機会はほとんどない。なぜだろう。

THE MYSTERY OF CANADA

10
THE MYSTERY OF CANADA

なぜ日本ではカナダワインを飲めないのか？

カナダのワインは今、数々の国際コンクールで栄冠に輝くなど、その質の高さで世界的な注目を集めている。にもかかわらず、日本のリカーショップでは見かけないし、レストランのワインメニューにもまず載っていない。なぜなのだろう。

カナダのワイン産地は主に2つ。あのナイアガラの滝があるオンタリオ州のナイアガラ地方と、太平洋側のブリティッシュ・コロンビア州（BC州）の内陸に位置するオカナガン渓谷だ。

どちらのエリアも小規模で家族経営のワイナリーが多く、ワインづくりへのこだわりが強い。だから生産量は限られており、輸出に回されるワインはほとんどない。

加えて、輸出で儲けようという気持ちもあまりないようで、いいものを作っていれば地元の人が買ってくれると考えるワイナリーが多い。このためカナダ人ですら、欲しいワインを国内で自由に入手することはできない。

ましてやこちらは太平洋をはさんだ遠い日本。飲みたいと思っても、そう簡単に飲めないのがカナダワインなのだ。

◆一滴の雫《しずく》

本題に入る前に、アイスワインについて話しておきたい。カナダのワインと言われても大抵の人はピンとこないはずだし、仮に何か思い浮かぶとしても、それはアイスワインだと思われるからだ。

カナダの空港で見かけるお土産で、ちょっと細いボトルに入ったお高めなワインというのがアイスワインのイメージだろう。

「アイス」と言ってももちろん、凍ったワインではない。凍らせたブドウから作るのがアイスワインだ。

小規模で家族経営のワイナリーが多く、ワインづくりへのこだわりが強い。だから生産量は限られており、輸出に回されるワインはほとんどない。

ブドウは秋に実る。だからワインづくりも秋の収穫から始まるのだが、アイスワインの場合は秋に収穫せず、ブドウの房が蔓《つる》にぶら下がった状態で冬を迎える。

厳しい寒さの中、実の中の水分が凍ることで、糖分などが凝縮されたごく少量の果汁が生み出される。ひと粒の実から得られるのはたった一滴の雫《しずく》。

この濃厚な果汁から作られるのがアイスワインだ。

ただし、蔓にぶら下がった房は風に吹かれたり雹《ひょう》が降ったりしておよそ半分が収穫前に落下してしまう。

それだけではない。氷点下8度の気温が24時間続いた時に収穫しなければアイスワインとは呼べないという基準があるため、冬まで房が落ちずにいても条件がそろわず、アイスワインを作れない年すらある。これだけ手間暇がかかるのだから、アイスワインの値段がお高めなのも当然と言えるだろう。

アイスワイン発祥の地はドイツ。次いで、オーストリアで生産が始まり、1990年代初頭からカナダでもアイスワインづくりが本格化した。

濃厚な果汁から作る甘いアイスワインは、デザートやチョコレート、チーズなどと実によく合う。ただし大事なのは、そんなアイスワインもカナダのワイン生産に占める割合はごくわずかということだ。

いくらアイスワインが素晴らしいと言っても、それだけでカナダワイン全体を語るわけにはいかないのだ。

10-1:「世界で最も美しいワイン産地」とも言われるオカナガン渓谷の風景

◆泥酔者の目撃証言

カナダのワイナリーはどうしてもっとワインをたくさん生産しないのか。小規模の家族経営やワインづくりに対するこだわりに直接触れるため、僕はBC州のオカナガンを取材することにした。

バンクーバーで飛行機を乗り継ぎ、1時間ほどでケロウナの空港に到着する。ケロウナとは、先住民の言葉で「グリズリーベア」の意味。オカナガンでワイナリーめぐりをするならケロウナが拠点となるだろう。

オカナガンはカナダ唯一の砂漠地帯で、夏は40度にもなる一方、冬には氷点下の厳しい寒さに包まれる。

太古の昔、氷河が大地をえぐりとって作り出した渓谷で、南北に切れ長に続くオカナガン湖の周囲を傾斜地が取り囲み、その上に小高い山々が連なっている。

青い湖と空、そして傾斜地いっぱいに広がるブドウ畑の緑が織り成す光景から、オカナガンは「世界で最も美しいワイン産地」とも呼ばれている（**写真10-1、10-2**）。

ところが、この美しい風景の中心であるオカナガン湖には、「オゴポゴ」なる未確認生物が生息しているという。ネス湖のネッシーみたいな存在のようだ。

看板などに描かれたオゴポゴは、ドラゴンのような姿をしている。そしてこのオゴポゴの最大の特徴は、ワインをたくさん飲んで泥酔しないと見ることができないという点だ。

そもそも未確認生物であることに加え、泥酔した人しか見られないのだから、その目撃情報の信ぴょう性は極めて低い。

オカナガンを訪れたら、オゴポゴが見えるぐらいワインを飲もうということなのだろうか。いずれにしてもオゴポゴが永遠に未確認生物であり続けるのは間違いない。

◆まず俺が飲む、余ったら棚に置く

オゴポゴのことは泥酔した時にまた考えるとして、まずは一軒目の取材先に向かう。ケロウナの南、サマーランドというところにある「シルクスカーフ・ワイナリー」がそれだ。

オーナーのロイー・マノフさんは、ワインづくりのためにイスラエルからカナダに移住してきた。

10-2：オカナガンのブドウ畑

自身と息子さんを含めた3人を中心にワインづくりをしている。

もとはイスラエル空軍のパイロットだったという経歴の持ち主で、ＩＴ関係の企業を経営したのち、ワインづくりに適した土地を求めて世界中を回り、ついにオカナガンにたどり着いた（**写真10-3**）。リンゴやチェリーが植えられていた10エーカーの果樹園を購入したのが２００３年のこと。それを１エーカーずつブドウに植え替え、最終的に赤ワイン用6、白ワイン用6の12種類のブドウを栽培するようになった。

10エーカーというのはよく使う言い方なら東京ドーム１つ分ぐらい。ワイン用のブドウ畑としてはかなり小さい。しかも8月から9月には品質を高めるために出来の良くないブドウを手作業で間引いていく。当然、ブドウの収量はさらに少なくなる。

こだわりから生まれるワインは年間、１箱12本入りで３５００から４０００箱ほど。だから飲みごろのワインはすぐに売り切れてしまう。規模を拡大するつもりはないか聞いてみると、「今のままで十分」という答えが返ってきた。

ロイーさん曰く、「まず俺が飲む。余ったら、ワイナリーの棚に置いて売る」。まあ冗談なのだが、ワイナリーを訪れた人といっしょに楽しく試飲し、ワインを買ってもらうのが一番なのだろう。

実際、シルクスカーフのワインの95パーセントがオンライン販売を含めて直接、お客に売られている。レストランやリカーショップに並ぶのはわずか5パーセントにすぎない。

10-3:「ファミリー・ブティック」の名を冠したワイナリー「シルクスカーフ」

熟成中の14個の樽はすべて1日おきに味を確認する。「小規模であることの最大のメリットは、最高のクオリティを保てることだ」とロイーさん。そしてオカナガンの良さを尋ねると、「自由があること」だと教えてくれた。

フランスのような伝統的ワイン産地では、この地域で育てていいブドウの種類はこれとこれ、といった規制があるそうだ。一方のオカナガン。カナダがワイン生産国として「若い国」なだけにそうした規制はなく、自由に好きな品種でワインづくりができる。

ロイーさんも12種類のブドウを栽培しているが、それぞれ生育のスピードも違うし相当な手間がかかる。それがおもしろいのだろうが、本当は「どの品種が育つか分からないのでたくさん植えちゃった」のだそうだ。

いくら自由があると言っても、「今、始めるなら3種類ぐらいかな」と笑っていた。

◆渓谷に立ちのぼる煙

ナイアガラやオカナガンなど、カナダのワイン産地は「テロワール」が特異なのだそうだ。テロワールとは、ブドウを栽培する土地の気候や土壌、地形などの条件を表す言葉だ。

オカナガンで言えば、高緯度にある乾燥した砂漠地帯で、夏は40度にも達して日照時間が長く、昼夜の寒暖差が大きい。冬は氷点下の寒さで、氷河が残したさまざまな土壌がある、といったことだろうか。

こうしたテロワールだから、同じオカナガンでも少し場所が違うだけでさまざまな種類のブドウが栽培できる。だから、ロイーさんのようにこだわりのワインづくりをやりたいという人が、特異なテロワールを求めてオカナガンにやって来るようになった。

ただし、そう遠くない昔、オカナガンのワインは「あまり美味しくなかった」という。そう証言するのがケロウナにある「ＢＣワイン博物館」の館長、リンダさんなのだから、これは間違いのない事実だろう。

20代の頃にリンダさんが飲んだオカナガンのワインは、「翌日もまだ酔っているような」代物《しろもの》だったという。それを劇的に変えたのが、１９９４年に発効したアメリカ、カナダ、メキシコによる「北

10-4：オーストリアで約850年にわたりワインを作り続けるヒューバー家の出身、ウォルターさん

米自由貿易協定」（NAFTA）だった。

それ以前からカナダとアメリカの間では貿易交渉が行われていて、カリフォルニアの安くておいしいワインがカナダになだれ込んでくるのは時間の問題になっていた。

そこでカナダ政府はブドウ農家に補助金を出し、今あるブドウをすべて抜き、いい品種の苗に植え替えさせたのだそうだ。オカナガンのあちこちで苗を燃やす煙が立ちのぼっていたことをリンダさんもよく覚えているという。

農家やワイナリーも、ヨーロッパなど海外の先進地からワインづくりの専門家を呼び寄せたり、逆に人を派遣してワインづくりを勉強させたりした。その結果、NAFTA発効と同じ年、オカナガンの白ワインが国際大会で金賞を受賞し、人々を驚かせることになる。

古い苗を焼くあの煙こそ、カナダワインの大きな転機だったのだ。

◆秘伝の書

さて、僕が取材したオカナガンの興味深いワイナリーを紹介しておきたい。一つは「ハインル・ヴィンヤード・エステート・ワイナリー」。

北米で最初にアイスワインを出荷した伝統あるワイナリー「ハインル」のオーナーが亡くなり、現在のオーナーであるウォルター・ヒューバーさんが2001年に買い取って「ディープ・クリーク」という名でもワインづくりをするようになった。

ウォルターさんはオーストリア出身で、ヒューバー家は1167年からワイン生産を続けている歴史ある家だ。1978年にカナダに来てフィッシングリゾートの経営者などを経て、オカナガンにやって来た（写真10-4）。

ワイナリーを受け継ぎ、2007年からいよいよ自分のやり方でワインづくりを始めるに当たって導入したのが、ヒューバー家に伝わるワインづくりの「秘伝の書」だった（写真10-5）。「ディープ・クリーク」に導入されたのは、なんと1495年当時のワイン製法。可能な範囲でポイントを教えてもらったが、何をするかを決める基準は「満月」なのだという。

月の引力が強まるとブドウは土壌のミネラルをより多く吸収するといった具合で、満月や月の満

10-5:「秘伝の書」に描かれた1495年のワインづくりの様子
10-6:オカナガンのワインづくりのパイオニア的存在、ウォルター・ゲーリンガーさん

ち欠けによって今何をすべきかが決まる。その結果、素晴らしいワインが生まれ、「ディープ・クリーク」は数々のコンテストで賞を受賞するようになった。

そしてもう一つ、オーストリアの実家から持ち込まれたのが、曽祖父が品種改良に関わった赤ワイン用のブドウ「ズワイゲルト」だ。

植物である以上、正規ルートで持ち込むのは手続きが大変なので、切った蔓《つる》30本で籠《かご》を編み、「母が作ったバスケットだ」と言い張ってカナダに持ち込んだという。ブドウの蔓は切っても約2週間は生きられるらしい。

その後、苗を育てて他のワイナリーにも譲ったことでズワイゲルトがカナダで広まったというのだが、なんともすごい密輸大作戦だ。

のちに政府の担当者がワイナリーに来て、別の苗木を持ち込む際にズワイゲルトが紛れ込んだという公式記録が作られたそうだ。若干いい加減な気もするが、こんなことが実際にあり得るほど、若きワイン生産国・カナダは「自由」なのだろう。

◆日本で買えなくてもいいのかもしれない

最後に紹介したいのが「ゲーリンガー・ブラザーズ・エステイト・ワイナリー」。名前の通り、ドイツ系カナダ人の兄弟がここで20年以上、ワインづくりに取り組んでいる。

ワインづくりは父の故郷のドイツに行って何年もかけて学んだ。だからこのワイナリーは、オカナガンに海外の技術を導入したパイオニア的存在と言っていい。

「ディープ・クリーク」のオーナーと同じ名前、兄のウォルターさんは、「ワインづくりを楽しんでいるから趣味は要らない」と言う（写真10-6）。奥さんからは「あなたは私と結婚したんじゃなくて、この仕事と結婚したんでしょ」と言われるそうだ。

パイオニアであるウォルターさんに、オカナガンのワインが急成長した理由を尋ねてみると、答えの一つはやはり「自由」だった。「ここは自由でチャレンジできる。だからチャレンジしたい人が集まってくる」という。

NAFTAによってカナダワインが危機に直面し、みんなで頑張ったところ予想以上にいいワインができた。「何か秘密があるのでは」と世界のワインメーカーがやって来てみると、そこには特異なテロワールと自由があった、ということなのだと思う。

そして僕は、カナダのワインはカナダという国そのもののようだと思い始めている。世界中から人がやってきて、自由にチャレンジできる国。「秘伝の書」のように、さまざまな知識や技術が集まり、それがカナダの強さになっていく。

現地では「過去3年、オカナガンは世界トップクラスの品質のワインを生産している」との声も聞いた。

そしてもう一つ、僕は取材中に気になることを耳にした。注目度が上がるにつれ、小規模営のワイナリーが大手企業に買われたり、見えないところで外国資本が入ってきたりしているそうだ。経営が大手に変われば生産量が増えて日本に輸出されるかもしれない。しかし、それはそれでひどく残念でならない。

カナダワインは、日本では簡単に買えない遠い存在のままの方がいいのかもしれない。結局のところ、カナダワインはいつまでも僕を悩ませ続ける存在のようだ。

COLUMN

マニアックなカナダ旅

厳格な先住民の儀式

スウェット・ロッジ体験

オカナガンでたっぷりカナダワインを楽しんだ後は北に向かい、リトル・シュスワップ湖畔に建つ「クアアウト・ロッジ&スパ」を訪れてみてほしい。この辺りで暮らしてきた先住民が経営するロッジで、その名の通りスパがあり、ゴルフ場も併設されている。釣りや乗馬なども楽しめて、リゾート気分でゆったりとした時間を過ごすことができるが、ここではやはり、伝統ある先住民の暮らしや文化に触れたい。

ロッジでは先住民の歴史について説明を受けたり、ダンスなどのパフォーマンスを間近で見たりできる。そして、二度とない貴重な体験になるのが「スウェット・ロッジ」だ。

先住民の神聖な禊《みそぎ》の儀式と言えばいいのだろうか。水着だけになって湖の冷たい水で体を清めた後は、木造の小さな「スウェット・ロッジ」に入る。中は真っ赤に焼かれた石で熱せられていて、さまざまな方法で創造主との交信が行われる。

注意点としては、これがお手軽なスピリチュアル体験ではなく、厳格な先住民の儀式だいうこと。「スウェット・ロッジ」体験の前後24時間は、アルコールの摂取は厳禁。ぜひ神聖な気持ちで臨んでほしい。

アクセス

The Quaaout Lodge & Spa
ブリティッシュ・コロンビア州
リトル・シュスワップ湖畔
1663 Little Shuswap Lake Road, Chase

データ集

◆カナダがよくわかるマップ

◆カナダ1000年年表

◆まだまだあるカナダの謎(クイズ)

THE MYSTERY OF CANADA

カナダがよくわかるMAP

先住民

1万年以上もこの地で生きてきた先住民たちの知恵は、現代のカナダでも生きている。

イヌイット

アザラシやセイウチ、カリブーなどを捕って暮らす。

北極文化領域

ヒューロン、ミクマックなど

木造長屋「ロングハウス」で数家族が暮らし、トウモロコシ、豆、カボチャを栽培。

メイティ

先住民と白人の混血「メイティ」はバッファローハントや農耕で暮らしていたが、ルイ・リエルを先頭にレッド・リバーで蜂起。(➡P112「カウボーイ」)

北東部森林文化領域

人の知恵が多様な文化を育んだ

イヌクシュク

先住民が作る巨大な石の造形物は、旅人への道しるべとも言われる。

亜北極文化領域

北西部海岸文化領域

大平原文化領域

デネ、クリー

スノーシュー（かんじき）をはいて雪の上を移動し、ムースやカリブーを捕えた。（➡P32「先住民」）

トリンギット、ハイダ、クワクワカワクゥなど

サーモンや巨大なカレイ「オヒョウ」などを食料に、トーテムポールの文化を生み出した。（➡P88「トーテムポール」）

ブラックフット、平原クリーなど

三角錐のテント「ティピ」を携え、バッファローの群れを崖から落とす猟も行った。（➡P88「トーテムポール」）

カナダがよくわかるMAP

開拓

日本で戦国時代の幕が上がる頃、ヨーロッパ人がカナダの東の果てに上陸。開拓が始まる。

バーチ・バーク・カヌー

白樺の樹皮のカヌーはカナダの開拓で大きな役割を果たした。(➡P40「カヌー」)

ヨークファクトリー

英国王の勅許を受けた毛皮交易会社「ハドソン・ベイ」最大の拠点。(➡P48「カヌー」)

ヌーベルフランス

ケベックはフランス統治時代の拠点。今もフランス風の建築物が立ち並ぶ。

大地を拓《ひら》きカナダが生まれた

ゴールドラッシュ

19世紀最後と言われるゴールドラッシュ。採掘拠点のドーソンなど極北の開拓が進む。(➡P137「アイスロード」)

ブッシュ・プレイン

鉱山への物資輸送や資源探査など、極北の地の開拓で活躍。(➡P140「アイスロード」)

ラストスパイク

東西から伸びてきた線路がロッキー山中に達し、「ラストスパイク」で結ばれた。(➡P82「ロッキー」)

王立カナダ騎馬警察隊

愛称はマウンティー。西部開拓で治安維持を担った北西騎馬警察隊が前身。

大陸横断鉄道の開通

大陸横断鉄道が開通し、1887年、モントリオール発の列車がバンクーバーに到着。

クレイゲラキー

バンクーバー

ウィニペグ

カウボーイ

バッファローがいた丘で牛の放牧が始まり、カルガリーはカウボーイの街に。(➡P104「カウボーイ」)

穀物エレベーター

開拓農家が育てた小麦はエレベーターで列車に積み込まれ、東へと運ばれた。

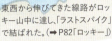

カナダがよくわかるMAP

野生動物

ビーバーはヨーロッパへ、ラッコはロシアへ。カナダの歴史には動物が深く関わっている。

カリブー

季節の移り変わりに合わせ大きな群れで大移動を繰り返す。
(➡P31「先住民」)

イッカク

オスの角（実際には歯）の長さは3メートルにもなる。

©Michelle Valberg

ホッキョクグマ

チャーチルでは巨大なバギーでホッキョクグマに出会えるツアーも。

クジラ

太平洋、大西洋のどちらでもホエールウォッチングが楽しめる。

タテゴトアザラシ

マドレーヌ島でふわふわの白い毛の赤ちゃんが見られる。

© Rei Ohara_Château Madelinot

街中でリスと遭遇することも

ビーバー

高級帽子に変身する毛皮を求め、ヨーロッパ人がカナダにやって来た。（➡P25「先住民」）

©West Coast Expeditions

ラッコ

中国・清で毛皮が珍重されたラッコ。巨大な海藻がある冷たい海で暮らす。（➡P73「ロッキー」）

カナダグース

顔から首にかけての白いラインが特徴。カナダで広く見られる。（➡P138「アイスロード」）

クマ

ロッキーなどを中心にグリズリーやブラックベアが全土に生息。

ムース

シカの仲間では最大の体格。意外にも小枝や水草が大好物。

「ムース注意」の道路標識
巨大なムースは追突すると、ドライバーの方が危険。

カナダがよくわかるMAP

絶景

流れゆく氷山や冬の夜空のオーロラなど、カナダの絶景はどれも想像以上のスケールだ。

オーロラ

オーロラの出現率が高いオーロラベルトが、東西に渡って上空に広がる。鑑賞の拠点はホワイトホースやイエローナイフなど。オーロラは夏にも見られる。(➡P134「アイスロード」)

氷山

ニューファンドランド沖を巨大な氷山が流れて行く。(➡P58「タラ」)

アトランティックカナダの灯台、そして海と大地

大西洋に面した各地で、灯台と海と大地の素晴らしいコントラストを目にすることができる。

ナイアガラの滝と空中散歩

ヘリコプターからならカナダ滝の馬蹄形も一望に。

東部カナダの紅葉

厳しい冬を前に、黄色や赤のカエデが山々を染め上げる。

でかい、そして果てしない

プレーリー

どこまでも続く小麦畑。遠い地平線にぽっかり雲が浮かぶ。（➡P110「カウボーイ」）

クルアニ国立公園

山麓を氷河に覆われたカナダ最高峰のマウント・ローガンを中心にスケールの大きな自然が広がる。

紅鮭のビッグラン

4年に1度のビッグランでは遡上数が跳ね上がり、紅鮭で川が染められる。（➡P91「トーテムポール」）

レイク・ルイーズはその美しさから「ロッキーの宝石」と呼ばれる。（➡P84「ロッキー」）

カナディアンロッキー

カナダがよくわかるMAP

世界遺産

大地を削る氷河、バイキング、対米戦争など、世界遺産にはカナダ史が凝縮されている。

グロスモーン国立公園

巨大な氷河が生んだフィヨルドやマントルの台地は圧巻。

ランス・オ・メドー国定史跡

初めてカナダにやってきたヨーロッパ人、バイキングの集落跡。

ルーネンバーグ旧市街

碁盤目の街路やヴィクトリア調の家屋など、大英帝国の植民都市の特徴を残す。

リドー運河

1832年、対米戦争に備えた物資輸送のため建設。

グラン・プレの景観

初期のフランス人入植者、アカディアの人たちの遺構と美しい風景が広がる。

大自然と歴史が生んだ17の宝物

ケベック旧市街

城壁と石畳の旧市街は、フランス統治時代の面影を色濃く残す。

ウッド・バッファロー国立公園

激減してしまったバッファローを保護。多くの野生動物が暮らす。

ナハニ国立公園

ナイアガラの2倍の高さのヴァージニア滝など壮大な自然美が続く。

スカン・グアイ（アンソニー島）

先住民ハイダの島。朽ちていくトーテムポールに神聖さを感じる場所。

州立恐竜公園

300以上の恐竜化石が発掘された地には、7000年前の地層がむき出しになった奇観が広がる。

カナダがよくわかるMAP

グルメ

自然の恵みのほか、移民が伝えた祖国の味やカナダ発祥のユニークなグルメがいっぱい。

メープルシロップ

サトウカエデの樹液を煮詰めて作る。ケベック、オンタリオ州などで生産。(➡P24「先住民」)

コッド・タン

コッド(タラ)の喉の部分を焼いたり揚げたり。島の素朴なローカルフード。(➡P56「タラ」)

プティン

フライドポテトにチーズカードとグレービーソース。ケベック生まれのB級グルメ。

ビーバーテイルズ

首都オタワで生まれたビーバーのしっぽの形のスイーツ。(➡P25「先住民」)

スモークミート

スパイスに漬け込んだビーフを焼き上げるモントリオール名物。

ロブスターにビーフ、B級グルメも

ロブスター

大西洋沿岸で捕れる、カナダを代表するシーフード。（➡P8「赤毛のアン」）

サーモン

太平洋岸、大西洋岸の両方で計6種類ものサーモンが遡上。グリルやソテーで。（➡P88「トーテムポール」）

アルバータビーフ

牧草を食べて育つ赤身のステーキはカナダを代表する味。（➡P114「カウボーイ」）

カナダワイン

日本ではなかなか飲めないカナダワイン。オカナガンとナイアガラ地方が2大産地。（➡P150「ワイン」）

シーザー

アサリとトマトのジュースでウォッカを割った「おつまみ付カクテル」。カナダオリジナル。

カナダがよくわかるMAP

博物館

移民、人権、先住民、恐竜──。カナダでしか見ることができない展示がたくさんある。

人権博物館〈マニトバ〉

世界中の人権問題に向き合おうというカナダらしい博物館。建物は平和の象徴・鳩をイメージ。

移民博物館〈ノバスコシア〉

移民受け入れの窓口となってきたハリファクスに建つ。カナダ人が自らのアイデンティティーを確認できる場所。

鉄道博物館（Exporail）〈ケベック〉

先生が乗ってやって来る「スクール列車」など、鉄道と開拓の関わりを実感できる。

歴史博物館〈オンタリオ〉

先住民の時代から多文化主義に到達するまで、実は奥深いカナダの歴史を集約。

戦争博物館〈オンタリオ〉

カナダが関わってきた内外の戦争によって、何が引き起こされたかに向き合える空間。

想像以上に深い歴史を知る

UBC人類学博物館
〈ブリティッシュ・コロンビア〉

先住民が生み出した数々のトーテムポールや不思議な彫像を展示。

ノーザン ヘリテージセンター
〈ノースウエスト準州〉

凍った湖でのアイスフィッシングの道具など極北の地で生き抜く知恵の数々を紹介。

ロイヤルティレル古生物博物館
〈アルバータ〉

膨大な恐竜骨格が並び、今も化石のクリーニングが続く世界有数の恐竜博物館。

ワヌスケウィン史跡
〈サスカチュワン〉

6000年前、カナダ中央部の大平原で暮らした人々の遺跡をそのまま保護。

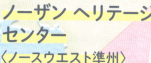

カナダ1000年 年表

世界の動き

1492 スペイン女王の後援を受けたコロンブスが「新大陸」に到達

1493 ローマ教皇が「植民地分界線」によりポルトガルとスペインの対立を調停
教皇が示した子午線をスペインとポルトガルの勢力の境界線とした（P67「ニューファンドランド」）。

1519 スペイン王室の援助を受けたマゼラン船隊が出航、初の世界周航を果たす

1533 スペインがインカ帝国を制服、ポトシ銀山などを発見

カナダの歴史

約1万6000年前、シベリアから北米大陸に人類が渡ってくる
定住した彼らはのちに「先住民」と呼ばれることになる（⬇P26「先住民」）

1000 1000年頃、バイキングのリーフ・エリクソンがニューファンドランド島に到達
エリクソンは北米の地を訪れた最初のヨーロッパ人と言われ、北欧伝説「サガ」はこの時、ブドウ実る豊かな国「ヴィンランド」を発見したと記している（⬇P150「ワイン」）

1497 英国王の援助を受けたジョン・カボットがニューファンドランドと思われる地に到達
カボットは翌年、島の沖に豊かな漁場を発見。ヨーロッパの漁船がコッド（タラ）目当てにニューファンドランドに押し寄せるようになる（⬇P62「タラ」）

1534 フランス王室の命を受けたジャック・カルティエがガスペ半島に上陸してフランス領と宣言
カルティエは翌年、現在のケベックシティを訪れ、集落を指す先住民の言葉「カナタ」から、ここを「カナダ」と呼んだ

1608 サミュエル・ド・シャンプレーンがケベックに木造の毛皮交易所を建設
フランス植民地「ヌーベル・フランス」の根拠地となるケベックの建設が始まる

日本の動き

1000 清少納言が「枕草子」を執筆

1467 応仁の乱が起きる

1543 九州の種子島に漂着したポルトガル人が鉄砲を伝える

1549 キリスト教布教のためイエズス会のフランシスコ・ザビエルが鹿児島に来航

1582 本能寺の変

1603 徳川家康が江戸幕府を開く

1616
中国の王朝は「清」に

1776
アメリカ独立宣言

1804
ナポレオンがフランス皇帝に即位

1670
イギリス国王が「ハドソン・ベイ」の設立を許可し、特許状を下賜
イギリスによるビーバーの毛皮交易が本格化していく（⬇P26「先住民」）

1759
アブラハムの戦いでイギリスがフランスに勝利、ケベックが陥落
ヌーベル・フランスが崩壊し、のちのカナダはイギリスの植民地に（⬇P8「赤毛のアン」）

1778
イギリスのジェームズ・クック船長率いる艦隊が北米太平洋沿岸に到達
トーテムポールを作る先住民と接触（⬇P92「トーテムポール」）

1783
ハドソン・ベイに対抗したモントリオール商人のグループが「ノースウエスト会社」を設立
毛皮交易をめぐって2つの会社の対立が始まる

1792
ジョージ・バンクーバーがバンクーバー島を周航

1793
ノースウエスト会社のアレクサンダー・マッケンジーがロッキー山脈を越え、北米大陸を初めて陸路で横断し、太平洋に到達

1799
サン・ジャン島がプリンスエドワード島に改名
『赤毛のアン』の舞台となった島はこの時から「プリンスエドワード島」に（⬇P12「赤毛のアン」）

1639
江戸幕府がポルトガル船の来航を禁じる。鎖国体制が完成へ

1716
八代将軍・徳川吉宗による「享保の改革」始まる

1792
ロシアのラクスマンが根室に来航

1815
失脚後、復位したナポレオンはワーテルローの戦いで破れ、セント・ヘレナ流刑に。
この時、ナポレオンのビーバーハットが戦利品として敵の手に渡る（P30「赤毛のアン」）

1840
イギリスと清によるアヘン戦争が勃発

1842
南京条約により香港島がイギリスに割譲される

1808
サイモン・フレーザーがフレーザー川を下って太平洋に到達
無数の紅鮭が遡上するフレーザー川はこの探検家から名前がとられた（⬇P91「トーテムポール」）

1811
セルカーク伯がハドソン・ベイから取得したレッド・リバー植民地への入植開始
スコットランド人救済のための入植がメイティとの確執を生むことに（⬇P112「カウボーイ」）

1816
セブンオークスの虐殺。ノースウエスト会社に扇動されたメイティがレッド・リバー植民地で20人を殺害
ハドソン・ベイとノースウエスト会社の対立が激化（⬇P48「カヌー」）

1821
ハドソン・ベイがノースウエスト会社を吸収し、新ハドソン・ベイが発足

1826
のちにカナダの首都となるバイタウン（オタワ）が開かれる

1832
バイタウンとキングストンを結ぶリドー運河が開通
アメリカが攻め込んできた際に補給路となる運河が完成（⬇P78「ロッキー」）

1848
ハドソン・ベイ幹部と先住民女性の間に生まれたメイティ、ラナルド・マクドナルドが北海道に上陸、捕縛される

1804
ロシアのレザノフが長崎に来航

1861 アメリカ南北戦争始まる

1867 アメリカがロシアからアラスカを購入

1877 ヴィクトリア女王が「インド帝国」の皇帝に

ラナルドは護送された長崎で日本人通詞に英語を教える（➡P50「カヌー」）

1857 **イギリスのヴィクトリア女王が「連合カナダ」の首都にオタワを選定**

1864 **プリンスエドワード島でのシャーロットタウン会議と、続くケベック会議で5植民地の代表が連邦結成を決議**

2つの重要な会議でカナダ建国への流れができる

1867 **カナダ建国。初代首相にジョン・A・マクドナルドが就任**

1869 **ルイ・リエルに率いられたメイティによるレッド・リバーの反乱が勃発。フォートゲリーで臨時政府を樹立**

相談もなく国の統合を進めるカナダ政府に対し、メイティの不満が募る（➡P112「カウボーイ」）

1870 **イギリス・カナダ混成軍がフォートゲリーに攻め寄せリエルは逃亡。レッド・リバーの反乱が終結**

1871 **ブリティッシュ・コロンビアが6番目の州としてカナダに参加**

カナダ参加には大陸横断鉄道の建設が条件となっていた（➡P79「ロッキー」）

1877 **最初の日本人移民、永野万蔵がバンクーバーに到着**

多くの日本人が移り住むようになり白人との摩擦が起き始める（➡P98「トーテムポール」）

1853 ペリー率いるアメリカの黒船が来航し、開国を要求

1867 大政奉還

1877 西郷隆盛が西南戦争を起こす

1896
第1回近代オリンピック開催

1881
カナダ太平洋鉄道（CPR）による大陸横断鉄道の建設が始まる

1885
サスカチュワンのバトーシェでルイ・リエルが再び蜂起。反乱は鎮圧されリエルに死刑判決
リエルの反乱で兵士を素早く運ぶ鉄道が必要との意見が強まり、破綻寸前だったCPRへの融資が実現、鉄道建設が続行される（⬇P114「カウボーイ」）

ロッキー山中のクレイゲラキーで、西と東から延びてきた線路をつなぎ合わせる「ラストスパイク」が打ち込まれる
大陸横断鉄道完成へ（⬇P82「ロッキー」）

1889
バンクーバーに日本領事館開設
日本人移民の増加に対応し領事館を設置

1986
ウクライナはじめヨーロッパ各地からの大規模な移民流入始まる
プレーリーの開拓とともにカナダの多民族化が進む（⬇P122「小麦畑」）

1907
日本人街が白人に襲撃される「バンクーバー騒動」が起きる
安い賃金で自分たちの仕事を奪う日本人に対し、白人の敵対心が激化（⬇P99「トーテムポール」）

1908
ルーシー・モード・モンゴメリが「アン・オブ・グリーンゲイブルズ」を刊行

1885
伊藤博文が初代の内閣総理大臣

1889
大日本帝国憲法公布

1894
日清戦争始まる

1904
日露戦争始まる

1914
第一次世界大戦勃発。カナダ参戦

1918
ドイツの降伏により第一次世界大戦が集結

1939
第二次世界大戦勃発

1945
第二次世界大戦集結

1969
アメリカのアポロ11号が月面に着陸

1912
タイタニック号がニューファンドランド沖で沈没

1914
第一次世界大戦に派遣された最初のカナダ部隊がイギリスに上陸
カナダの都市「ウィニペグ」から名付けられたクマの「ウィニー」もカナダ軍とともにイギリスへ

1915
カナダ兵がフランスに到着、フランダースに進軍
クマのウィニーは危険を避け、ロンドン動物園に預けられる

1941
日本軍によるアメリカ・真珠湾攻撃によりカナダと日本は交戦状態に入る

1942
太平洋岸の日系人が敵国人として内陸部に移住させられる

1965
赤いカエデをデザインしたカナダの国旗が誕生

1971
ピエール・トルドー首相が世界で初めて「多文化主義」の採用を宣言
民族や人種の多様性を尊重する社会を目指すカナダの基本政策が固まる

1980
フランス系住民が多いケベック州で、カナダからの独立の是非を問う住民投票実施、賛成49%で残留決定

1939
カナダ人宣教師のミス・ショーが帰国に当たり、村岡花子に「アン・オブ・グリーンゲイブルズ」を贈る

1952
村岡花子訳「赤毛のアン」刊行

1965
東京オリンピック開催

1970
大阪で万国博覧会開催

1989
昭和天皇が崩御。平成に改元

5
なぜ人より貨物列車優先なのか？

鉄道でカナダを旅すると、乗っている列車が停車し、その横を長い、長い貨物列車が通過していくという場面によく出くわす。どうして貨物列車が優先されるのか。

6
移民・難民でもなれる国家の要職とは？

カナダは移民の国として誕生しただけに、移民や難民、あるいはその子どもが国家の要職に就くことなど当然のように起こる。ではどんな「要職」に就いた例があるのか。

7
なぜ国旗のデザインはカエデになったのか？

カナダの国旗といえば赤いカエデ、すなわちメープル・リーフ。正式に国旗に決まったのは1965年で、わずか50年ほど前のこと。このデザインが採用されたのは、なぜか。

8
カナダ発祥のお酒がローマ皇帝の名前なのはなぜか？

クラムとトマトのジュースでウォッカを割り、タバスコとウスターソースを加えたスパイシーな酒「シーザー」。カルガリー発祥のこの酒の名前が、ローマ皇帝に由来するのはなぜか。

9
ホッキョクグマの都はなぜチャーチルなのか？

マニトバ州北部、ハドソン湾に面したところにチャーチルという町がある。ホッキョクグマ観光で知られ、白イルカのベルーガとも出会える。この町がチャーチルと名付けられた理由とは。

10
ドーナツ店で耳にする「ダボダボ」とは何か？

カナダで圧倒的なシェアを誇るドーナツチェーン店「ティム・ホートンズ」。どの町にもあり、知らない人はいない。そこでコーヒーを注文する人の多くが「ダボ・ダボ」と言っている。何のことか。

まだまだある
カナダの謎
いくつわかるだろうか。

1
くまのプーさんが「ウィニー」と呼ばれるのはなぜ？

「くまのプーさん」の原題は、「ウィニー・ザ・プー」。「ウィニー」の由来はマニトバ州ウィニペグだ。イギリスのA・A・ミルンが執筆した小説と、カナダの都市がなぜ結びついたのか。

2
実はカナダ人という俳優は誰？

実はカナダ人だという歌手や俳優は少なくない。ジャスティン・ビーバーは広くカナダ人と知られているが、ほかにカナダ人の歌手や俳優は誰がいるだろう。

3
カナダはなぜ積極的に移民を受け入れるのか？

欧米各国が、移民や難民の受け入れに否定的になるなか、カナダは逆に毎年人口の1%、25万人以上の移民の受け入れを目標に掲げている。この政策の狙いとは。

4
女王がオタワを首都に選んだ訳は？

1857年、オタワを首都に選んだのは英国のヴィクトリア女王。当時のオタワは材木の集積地に過ぎず、北極点に最も近い材木村、と揶揄《やゆ》されたほど。なぜこの地を選んだのか。

6
移民・難民でもなれる国家の要職とは?

カナダの国家元首は英国王だ。普段はカナダにいないため名代である「総督」が置かれている。26代エイドリアン・クラークソンは香港生まれ。ハイチからの難民である27代ミカエル・ジャンは、2009年の天皇皇后両陛下(当時)のカナダ訪問の際、「国家元首」として接遇役を務めた。大臣クラスなら、アフガニスタン、インド、ソマリア出身など大勢いる。

7
なぜ国旗のデザインはカエデになったのか?

かつては、左上にユニオンジャックが小さくデザインされた国旗を使用していた。新しい国旗をつくる際、フランス系住民が採用を主張したのが、フランス王家の"ユリの紋章"。イギリス系、フランス系の対立を回避し、みんなが納得する国旗を選ぶために広く国民の意見を募った結果、ある主婦のアイデアから生まれたのが、メープル・リーフだった。

8
カナダ発祥のお酒がローマ皇帝の名前なのはなぜか?

カルガリーのホテル内に新しくイタリアンレストランがオープンすることになり、オリジナルの飲み物を考えるよう指示されたある従業員が3カ月考え抜いた結果、「イタリアンつながり」であさりとトマトのパスタ、ボンゴレロッソから「クラマト」のジュースを思いつき、同じ「イタリアンつながり」で「シーザー」と名付けたのが真相。今やカナダ中で愛される酒だ。

9
ホッキョクグマの都はなぜチャーチルなのか?

イギリスがビーバーの毛皮交易のために設立した「ハドソン・ベイ」。その第3代総裁を務めたのがマールバラ公ジョン・チャーチルだ。このチャーチルの功績を讃えて、町の名前がチャーチルとされた。第二次世界大戦時のイギリスの首相、ウィンストン・チャーチルはこのマールバラ公の9代目の子孫だ。

10
ドーナツ店で耳にする「ダボダボ」とは何か?

「ダボ・ダボ」とは「ダブル・ダブル」。ティム・ホートンズでは客の注文に応じて、店員が砂糖やミルクを入れてくれる。「ダブル・ダブル」はクリーム2と砂糖2という注文。ミルクではなくクリームの時だけが「ダボ・ダボ」となる。「ダブル・ダブル」はカナダの辞書にも載るほど定着した言葉なのだ。

こたえ

1
くまのプーさんが「ウィニー」と呼ばれるのはなぜ?

第一次大戦中、カナダ軍獣医部隊のコルバーン中尉が、母を亡くした子グマを引き取り、部隊の故郷ウィニペグからウィニーと名付けた。ウィニーはイギリスに渡り、ロンドン動物園に預けられることに。そこでウィニーを気に入り、自分のテディベアをウィニー・ザ・プーと名付けた男の子の父親こそ、後に「くまのプーさん」を執筆するA・A・ミルンだった。

2
実はカナダ人という俳優は誰?

映画「タイタニック」の主題歌を歌ったセリーヌ・ディオンはカナダ人。彼女はモントリオールの観光名所でもあるノートルダム大聖堂で結婚式を挙げている。俳優ではジム・キャリーやキアヌ・リーブス、「バック・トゥー・ザ・フューチャー」シリーズのマイケル・J・フォックスらを挙げることができる。「ラ・ラ・ランド」でブレイクしたライアン・ゴズリングもカナダ人だ。

3
カナダはなぜ積極的に移民を受け入れるのか?

カナダは1971年に「多文化主義」を掲げ、さまざまな国や地域からやって来た人々が、自らの文化や慣習を守りながらともに生きることを「良し」とする政策を進めてきた。そこにあるのは「多様性はカナダの強み」(ジャスティン・トルドー首相)という考え方。公用語である英語、フランス語に加え約200カ国語が「母語」として話されている。

4
女王がオタワを首都に選んだ訳は?

首都の候補に挙がっていたのはトロント、モントリオール、ケベックシティなど。そこには先んじてカナダに進出したフランス系住民と、戦争に勝ってカナダを支配したイギリス系住民の対立があった。オタワは双方の接点にあり、緊張関係にあったアメリカからも遠かった。アメリカがオタワに軍を進めても森の中で迷うはず、というジョークすらあった。

5
なぜ人より貨物列車優先なのか?

大陸横断鉄道を完成させたカナダ太平洋鉄道(CPR)は、その後、国内の移動手段が飛行機へと移り変わるなか、旅客事業から撤退して貨物事業に集中することにした。その結果、旅客列車は貨物用の線路を借りて走らせることになった。だから旅客列車は時に、貨物列車の通過を延々と待たなければならないのだ。

〈日本語の主な参考文献〉

「「赤毛のアン」の生活事典」テリー神川著（講談社）
「カナダ史」木村和男編（山川出版社）
「カナダに漂着した日本人―リトルトウキョウ風説書」
田村紀雄著（芙蓉書房出版）
「カナダの歴史―大英帝国の忠誠な長女1713―1982」
木村和男、フィリップ・バックナー、ノーマン・ヒルマー共著（刀水書房）
「カナダ歴史紀行」木村和男著（筑摩書房）
「カヌーとビーヴァーの帝国 カナダの毛皮交易」
木村和男著（山川出版社）
「北からの世界史 柔らかい黄金と北極海航路」宮崎正勝著（原書房）
「北太平洋世界とアラスカ毛皮交易 ロシア・アメリカ会社の人びと」
森永貴子著（東洋書店）
「クック 太平洋探検6 第三回航海（下）」（岩波書店）
「険しい道―モンゴメリ自叙伝」山口昌子訳（篠崎書林）
「魚で始まる世界史 ニシンとタラとヨーロッパ」越智敏之著（平凡社）
「鮭の歴史」ニコラース・ミンク著、大間知知子訳（原書房）
「サケマス・イワナのわかる本 Salmon, Trout, Charr」
井田齊、奥山文弥著（山と渓谷社）
「ジャガイモの歴史」アンドルー・F・スミス著、竹田円訳（原書房）
「図説 アイルランドの歴史」山本正著（河出書房新社）
「図説 スコットランド」佐藤猛郎、岩田託子、富田理恵編著（河出書房新社）
「ニューファンドランド いちばん古くて新しいカナダ」
細川道久著（彩流社）
「北米インディアン生活術 自然と共生する生き方を学ぶ」
横須賀孝弘著（グリーンアロー出版社）
「優しい絆 北米毛皮交易社会の女性史一六七〇―一八七〇年」
シルヴィア・ヴァン・カーク著、木村和男・田中俊弘訳（麗澤大学出版会）
「ラナルド・マクドナルド 鎖国下の日本に密入国し、
日本で最初の英語教師となったアメリカ人の物語」今西佑子著（文芸社）
「ロシアの拡大と毛皮交易 16～19世紀シベリア・北太平洋の商人世界」
森永貴子著（彩流社）

あとがき

カナダ各地を取材してきた僕が、まだ取材できていない場所がある。大西洋に面したノバ・スコシア州ハリファクスの「カナダ移民博物館」だ。

移民の国・カナダには世界中からいろいろな文化や技術を持った人が集まり、それが国の「力《ちから》」になってきた。本ではそのことをずっと書いてきたが、さらに深く知ることができるのが移民博物館なのだと思っている。

祖国での生きにくさ、窮屈さから、世界中の人が自由と希望と未来を求めてカナダにやって来た歴史。新しい祖国となったカナダの「国づくり」にみんなが汗を流した歴史。そんなことが感じられる場所だと聞いた。「多文化主義は力になる」として、カナダは世界の潮流とは逆に、移民や難民を積極的に受け入れている。まったく不思議な国だが、だから好きだし、「謎」も尽きない。

日経ナショナル ジオグラフィック社の尾崎憲和さん、そして取材に全面協力いただいたカナダ観光局日本代表の半藤将代さんには心から感謝申し上げたい。そして最後に、僕が尊敬してやまないカナダ研究者で、2007年に若くして亡くなられた木村和男先生に本の完成を報告したい。私淑しているだけなので、この報告も僕の心の中で勝手にするしかない。

「先生、やっぱりカナダって最高におもしろいですね」。

2019年3月
平間俊行

ナショナル ジオグラフィック協会は1888年の設立以来、研究、探検、環境保護など1万2000件を超えるプロジェクトに資金を提供してきました。ナショナル ジオグラフィックパートナーズは、収益の一部をナショナルジオグラフィック協会に還元し、動物や生息地の保護などの活動を支援しています。

日本では日経ナショナル ジオグラフィック社を設立し、1995年に創刊した月刊誌『ナショナル ジオグラフィック日本版』のほか、書籍、ムック、ウェブサイト、SNSなど様々なメディアを通じて、「地球の今」を皆様にお届けしています。

nationalgeographic.jp

カナダの謎

なぜ『赤毛のアン』はロブスターを食べないのか?

2019年4月22日　第1版1刷

著　者　平間俊行
編　集　尾崎憲和
編集協力　大沢玲子(ファーストステップ)
デザイン・制作　望月昭秀+片桐凜子(NILSON)
企画協力　カナダ観光局
発行者　中村尚哉
発　行　日経ナショナル ジオグラフィック社
〒105-8308 東京都港区虎ノ門4-3-12
発　売　日経BPマーケティング
印刷・製本　加藤文明社

ISBN978-4-86313-444-7　Printed in Japan

ⓒ2019 Toshiyuki Hirama

NATIONAL GEOGRAPHIC and Yellow Border Design are trademarks of the National Geographic Society, used under license

本書の無断複写・複製(コピー等)は著作権法上の例外を除き、禁じられています。購入者以外の第三者による電子データ化及び電子書籍化は、私的使用を含め一切認められておりません。